AF305943

RECUEIL

DE PLUSIEURS ARRESTS

DU CONSEIL D'ETAT DU ROY;

ET AUTRES PIECES,

QUI prouvent la poſſeſſion immemoriale DE LA CHAMBRE DES COMPTES, d'appoſer le Scellé pour la ſeûreté des intereſts DU ROY, chez les Officiers Comptables, en cas de deceds, ou d'abſence; Et de faire Inventaire de leurs Effets & Vente de leurs Meubles, à l'excluſion de tous autres Juges; Avec le Reglement du quatre Février 1702. intervenu en conſequence.

A PARIS,

De l'Imprimerie de J-B-CHRISTOPHE BALLARD.

M. DCCII.

TABLE
DES ARRESTS
DU CONSEIL D'ETAT
DU ROY,

Rendus depuis 1603. jufques en 1702. en faveur
de LA CHAMBRE DES COMPTES,
contenus au prefent RECUEIL.

ã

TABLE.

AUTRES PIECES CONTENUES
au prefent RECUEIL.

ARREST
DU CONSEIL
D'ETAT DU ROY,

*En faveur de la Chambre, pour la vente des Biens
de feu Maître Nicolas Rogais.*

Du septiéme Octobre 1603.

*EXTRAIT DES REGISTRES
du Conseil d'Estat.*

PRE'S que Maître Estienne Pasquier Avocat General du Roy en sa Chambre des Comptes à Paris, assisté de Maître Dreux Procureur General de Sa Majesté en ladite Chambre des Comptes ; & le Sieur Miron Lieutenant Civil, assisté de Maître Quentin Conseiller au Châtelet de Paris, ont esté amplement oüys au Conseil en leurs Demandes, Deffenses & Repliques, sur la contention & different mû entre ladite Chambre des Comptes d'une part, & le Prevost de Paris ou ses Lieutenans d'autre, pour raison

4

de la Jurifdiction par eux refpectivement pretenduë de pouvoir faire Saifir, Inventorier, Prifer & Vendre les Biens, Meubles, Acquits & Papiers de feu Maître Nicolas Rogais, en
fon vivant Treforier General de l'Ordinaire des Guerres.
LE ROY EN SON CONSEIL, pour aucunes caufes
& confiderations, a Ordonné & Ordonne que la Saifie des
Papiers & Biens dudit deffunt, & l'Inventaire qui en ont efté
faits par Ordonnance de ladite Chambre des Comptes auroit
lieu ; & que la Prifée & Vente defdits Biens commencée par
vertu des Arrefts, Ordonnances & Jugemens de ladite Chambre des Comptes, fera continuée & parachevée, nonobftant
les empêchemens defdits Prevoft, fes Lieutenans, Notaires,
Huiffiers & Sergens dudit Châtelet de Paris, aufquels Sa Majefté fait deffenfes d'empêcher ladite Chambre des Comptes
au fait de ladite Saifie, Inventaire & Vente defdits Biens,
pour eftre les deniers qui en proviendront mis és mains de
perfonne refleante & folvable, qui fera nommée à la con-
fervation des Droits de Sa Majefté & des Oppofans ; fauf à
renvoyer lefdits Oppofans pour leur eftre fait droit s'il y échet ;
pardevant tels Juges qu'il appartiendra : Le tout fans tirer à
confequence, & au principal, Sa Majefté a appointé les Parties au Confeil, & Ordonne qu'elles écriront & produiront
tout ce que bon leur femblera pour eftre fait droit, ainfi qu'il
appartiendra. FAIT au Confeil d'Eftat du Roy, tenu à Paris
le feptiéme jour d'Octobre mil fix cent trois. Signé, MELIAND.

*L'Arreft du Confeil cy-deffus écrit, a efté regiftré és Regiftres
de la Chambre des Comptes de Montpellier, comme fervant de
prejugé à icelle pour la confection des Inventaires des Titres,
Papiers & Biens des Officiers & autres Comptables de fon Reffort,
aprés leur deceds.*

Plus bas eft écrit :

*Regiftré en la Chambre des Comptes, oüy le Procureur General
du Roy, pour y avoir recours quand befoin fera, & fervir à ladite Chambre ce que de raifon, le douze Février 1670. Signé,
RICHER.*

EXTRAIT

EXTRAIT DU PLUMITIF

DE LA CHAMBRE,

Du Samedy onziéme Octobre 1603.

CE jour Maître Pasquier Avocat General, a fait rapport au Bureau de ce qui s'estoit passé au Conseil contre le Lieutenant Civil, pour l'empêchement qu'il avoit formé à la continuation de la vente des Biens de feu Rogais; qu'il avoit obtenu Arrest, par lequel avoit esté ordonné que ladite vente seroit parachevée sans y appeller aucun Sergent à verge; & nonobstant l'empêchement desdits Notaires du Châtelet, comme il a fait apparoir par la copie dudit Arrest, dont lecture a esté faite, aprés laquelle a esté ordonné qu'il sera procedé à la vente desdits Biens, & que pour ce faire, Affiches seront mises par les Carrefours & Lieux publics.

ARREST DE LA CHAMBRE

DONNE' SUR UN ORDRE DU ROY.

Portant que l'Inventaire & Procés verbal de vente des Biens, Meubles dudit Sieur Rogais, seront mis és mains de Monsieur de Villeroy Secretaire d'Estat.

Du seize Novembre 1603.

Extrait des Regiſtres de la Chambre.

CE jour la Chambre déliberant ſur les Lettres de Cachet du Roy, portant mandement à la Chambre d'envoyer incontinent és mains du Sieur de Villeroy, Conſeiller de Sa Majeſté en ſon Conſeil d'Eſtat, & Secretaire de ſes Commandements, le Regiſtre de la Recette qui a eſté faite durant la preſente année par feu Maître Nicolas Rogais, & Papiers concernant ledit maniment, avec l'Inventaire de ſes Biens meubles; l'appretiation de ſes immeubles, & le Procés verbal de la vente deſdits meubles; & faire deffenſes à celuy que la Chambre a Commis à la Recette des deniers provenans de ladite vente, de s'en déſaiſir juſques à ce qu'autrement par Sadite Majeſté en ait eſté Ordonné, entre les mains de qui leſdits deniers doivent tomber : A Ordonné & Ordonne que ledit Inventaire des Biens dudit feu Rogais, & le Procés verbal de la vente des meubles ſeront copiez pour les délivrer audit Sieur de Villeroy; Et cependant fait deffenſes au Greffier és mains de qui les deniers provenans de ladite vente ont eſté mis, d'en vuider ſes mains, juſques à ce qu'autrement par Sadite Majeſté, & ladite Chambre, en ait eſté ordonné.

Collationné.

ARREST DU CONSEIL D'ETAT DU ROY.

Portant Reglement contradictoire entre le Procureur General en la Chambre des Comptes de Languedoc, & les Officiers du Gouvernement & Siége Prefidial de Montpellier; Par lequel ladite Chambre est maintenuë au pouvoir & poſſeſſion de faire procéder par Saifie, Scellé & Inventaire fur les Biens, Meubles, Acquits, & Titres des Comptables décedez dans ſon Reſſort, ſans avoir compté : Comme auſſi à la Priſée & vente deſdits Meubles, ſi dans quarante jours il ne ſe preſente Heritiers.

Du vingt-ſept Septembre 1611.

Extrait des Regiſtres du Conſeil d'Eſtat.

ENTRE les Officiers du Gouvernement & Siége Preſidial de la Ville de Montpellier, Demandeurs, & requerans l'entherinement des Lettres du ſeptiéme May mil ſix cent dix, d'une part; Et le Procureur General du Roy en la Chambre des Comptes de ladite Ville, Deffendeur d'autre: VEU par le Roy en ſon Conſeil leſdites Lettres, tendantes à fin que les Officiers de ladite Chambre des Comptes ſoient aſſignez audit Conſeil, pour voir Ordonner que les Officiers dudit Siége Preſidial ſeront maintenus & conſervez privativement aux Officiers de ladite Chambre des Comptes, à la confection des Inventaires des biens qui ſe trouveront aprés le deceds des Comptables du Reſſort dudit Preſidial, & que deffenſes leurs ſoient faites de les troubler & empécher, à peine de mil livres, dépens, dommages & intereſts, ſauf aux

Officiers de ladite Chambre de commettre, ſi bon leur ſem-
ble, tels des autres Officiers d'icelle qu'ils aviſeront bon eſtre
pour aſſiſter auſdits Inventaires : Appointement pris pàrde-
vant le Commiſſaire à ce député du vingt-quatre Novembre
1610. Ecritures deſdites Parties; Arreſt de ladite Chambre des
Comptes du dix huit May 1609. par lequel eſt Ordonné que
Maître Jean Janvier Commiſſaire député par ladite Chambre,
procedera à l'Inventaire des Biens de feu Maître Pierre Gran-
ger, Receveur general des Finances & Gabelles audit Montpellier, & deffenſes faites à Maître Henry de Montagne,
Conſeiller audit Siége Preſidial & Commiſſaire député par
iceluy, s'ingerer audit Inventaire : Signification dudit Arreſt
audit de Montagne deſdits jour, mois & an ; Requeſte dudit
Procureur General à ladite Chambre du vingt-ſept Avril
1611. à ce qu'il fut député un des Officiers de ladite Chambre, pour proceder à l'Inventaire des Biens de feu Maître Jean
Sallelles, Receveur & Payeur des Gages de la Cour des Aydes
dudit Montpellier : Requeſte de Catherine Boucauld, veuve
dudit feu Sallelles, audit Siége Preſidial deſdits jour, mois
& an, à ce qu'il fut député Commiſſaire, pour proceder à la
faction dudit Inventaire : Procés verbal du Jugé-Mage audit
Siége, contenant les Procedures faites ſur la contention de
Juriſdiction, d'entre ladite Chambre & ledit Siége Preſidial,
pour raiſon dudit Inventaire deſdits jour & an : Autre Requeſte dudit Procureur General de ladite Chambre, à ce que
l'Inventaire des Biens dudit Sallelles ſoit continué par le Commiſſaire député par ladite Chambre, deſdits jour, mois & an:
Procés verbaux dudit Commiſſaire des vingt-ſept & vingt-
huit deſdits mois & an, contenant que le Scellé appoſé par
ledit Commiſſaire, a eſté arraché & ôté par les Conſeillers &
autres Officiers dudit Preſidial : Autre Requeſte dudit Procureur General à ladite Chambre du vingt-huit deſdits mois
& an, à ce que l'Inventaire des Biens dudit Sallelles ſoit continué par le Commiſſaire député par ladite Chambre, nonobſtant les empêchemens des Officiers dudit Siége Preſidial:
Arreſt de ladite Chambre du vingt-huit deſdits mois & an,
par lequel deffenſes ſont faites aux Officiers dudit Preſidial,
de prendre connoiſſance & s'ingerer à la confection dudit

Inven-

Inventaire. Sentence dudit Prefidial du même jour, par laquelle eſt ordonné que nonobſtant le Scellé appoſé par ladite Chambre, ledit Inventaire fera continué par les Commiſſaires à ce députez par leſdits Prefidiaux, & deffenſes faites à ladite Chambre de les troubler, à peine de mil livres; Signification de ladite Sentence deſdits jour, mois & an. Arreſt de ladite Chambre deſdits jour, mois & an, par lequel ladite Sentence eſt caſſée, & condamné ledit Juge-Mage dudit Montpellier en cinq cent livres, & chacun des Conſeillers qui ont aſſiſté en cent livres d'amende envers le Roy, au payement deſquelles ſommes, ils feront contraints comme pour deniers Royaux, & deffenſes font faites audit Prefidial de plus uſer de telles voyes, à peine de mil livres d'amende, & qu'il fera procedé à la confection dudit Inventaire par le Commiſſaire à ce faire député par ladite Chambre: Autre Sentence dudit Prefidial deſdits jour, mois & an, par laquelle ledit Arreſt eſt caſſé & annullé, & ordonné que l'Inventaire des Biens dudit feu Sallelles fera continué, ſi fait n'a eſté par les Commiſſaires à ce députez par ledit Prefidial; & deffenſes font faites à ladite Chambre de prendre aucune connoiſſance dudit Inventaire, ny troubler leſdits Commiſſaires, & condamne celuy qui a préſidé audit Arreſt en cinq cent livres, & chacun des Maîtres de ladite Chambre qui y ont aſſiſté en cent livres d'amende envers le Roy, & outre ledit Procureur General en deux cent livres, au payement deſquelles ſommes ils feront contraints comme pour deniers Royaux. Signification de ladite Sentence du vingt-neuf deſdits mois & an : Decret d'ajournement perſonnel décerné par ledit Prefidial, à l'encontre du Procureur General en ladite Chambre, dudit jour vingt-huit Avril 1611. Arreſt de ladite Chambre, par lequel ledit Decret eſt caſſé; autre Arreſt de ladite Chambre du vingt-neuf dudit mois d'Avril, par lequel toutes Procedures faites pour raiſon dudit Inventaire par ledit Prefidial, font declarées nulles, & ordonné que celuy qui a préſidé auſdites Sentences & Jugemens, & deux des Conſeillers qui y ont aſſiſté feront prins aux corps & conſtituez priſonniers en la Conciergerie de ladite Chambre : Edit de creation de ladite Chambre des Comptes du mois de Mars

C

1522. Extrait des Regiſtres des formulaires de la Chambre des Comptes de Paris, concernant les Saiſies & Inventaires des Biens & Papiers des Comptables : Lettres Patentes du premier Aouſt 1553. par leſquelles eſt ordonné que les Officiers des Comptes feront feuls Juges de tout le fait des Comptes & Finances, tant ordinaires qu'extraordinaires, circonſtances & dépendances d'icelles, & la connoiſſance deſdits Comptes & Finances interdite à tous autres Juges : Autres Lettres du dernier Decembre audit an, par leſquelles eſt ordonné que les ſuſdites Lettres ſortiroient leur plain & entier effet : Extrait de l'Ordonnance faite en l'an 1537. pour la direction des Finances, Articles 25. & 27. contenants augmentation de Juriſdiction de ladite Chambre de Montpellier, & attribution des Comptes du Domaine & autres y mentionnez : Arreſt dudit Conſeil du ſept Octobre 1603. d'entre le Procureur General de ladite Chambre des Comptes de Paris, & les Officiers du Siége Preſidial du Châtelet de ladite Ville, pour raiſon de l'Inventaire des Biens de feu Maître Nicolas Rogais, Treſorier general de l'ordinaire de Guerres. Arreſt du Parlement de Paris du ſept Septembre 1607. par lequel deffenſes font faites aux Commiſſaires, Huiſſiers & Sergens du Châtelet de Paris, de proceder à la confection des Inventaires, ains feulement faire deſcription ſommaire des Meubles par eux ſaiſis par forme de Procés verbal ſans priſée & eſtimation : Arreſt dudit Conſeil du onze Février 1610. par lequel eſt ordonné qu'en cas qu'il y ait conflict de Juriſdiction entre ladite Chambre & Cour des Aydes de Montpellier, les Avocats & Procureurs Generaux deſdites Compagnies, s'aſſembleront pour s'en accorder : Autre Arreſt dudit Parlement du onze Decembre 1610. entre les Notaires & Commiſſaires dudit Châtelet de Paris, concernant leſdits Inventaires : Arreſt dudit Conſeil du trente Aouſt 1611. par lequel toutes Procedures, Sentences, Decrets & condamnations renduës tant par ladite Chambre des Comptes, qu'Officiers dudit Preſidial, font caſſées, & les Parties miſes hors de Cour & de Procés, & leur eſt enjoint de ſe comporter à l'avenir és Aſſemblées, tant generales que particulieres, avec la modeſtie decence & reſpect requis à perſonnes conſtituées en tels Offices ; & outre deffenſes font faites aux Officiers dudit Prefidial, de plus ufer des voyes mentionnées audit Procés, à peine de fufpention de leurs Charges, & d'amende arbitraire. Commiffion fur ledit Arreft defdits mois & an: Requefte dudit Procureur General en ladite Chambre du vingt-fept dudit mois d'Avril 1611. tendante à fin que ladite Chambre foit maintenuë en la poffeffion & joüiffance de faire les Inventaires, Eftimations & ventes des Biens meubles, Acquits & Papiers des Comptables, decedez dans le reffort de ladite Chambre fans avoir compté; & que les Procedures, Sentences & Jugemens rendus par lefdits Officiers Prefidiaux, foient caffées & annullées, & que le Juge-Mage, Lieutenant General & deux des anciens Confeillers qui y ont affifté, foient fufpendus de l'exercice de leurs Charges pour fix mois, & les Originaux defdites Procedures & Sentences, biffées en leur prefence, de l'ordonnance du Commiffaire, qui à ce faire fera député & condamnez en dix mil livres d'amende, avec dépens, dommages & interefts, & deffenfes de plus ufer de telles voyes, à peine de privation de leurs Offices, & punition corporelle : Ladite Requefte ordonnée eftre mife au fac & fignifiée; Signification de ladite Requefte du cinquiéme Septembre 1611. & tout ce que par lefdites Parties a efté écrit & produit pardevers ledit Commiffaire : Oüy fon Rapport. LE ROY EN SON CONSEIL, faifant droit fur ladite Inftance, a maintenu & gardé les Officiers de ladite Chambre des Comptes, au pouvoir & poffeffion de faire proceder par Saifie, Scellé & Inventaire fur les Biens, Meubles, Acquits & Titres des Comptables decedez fans avoir compté : (Et au cas que dans quarante jours aprés ledit deceds ne fe prefente Heritiers,) à la Prifée & vente defdits Meubles privativement aufdits Officiers dudit Siége Prefidial, & tous autres dans ladite Ville de Montpellier, & par prevention hors d'icelle, dans le reffort de ladite Chambre; & en cas que dans ledit temps il fe prefente Heritiers, feront tenus les Officiers de ladite Chambre, de laiffer ladite Prifée & vente aufdits Officiers dudit Siége Prefidial & autres Juges ordinaires des lieux; & ayant aucunement égard à la Requefte du vingt-feptiéme Aouft dernier, Sadite Majefté a caffé, revoqué & annullé lefdites Sentences dudit Siége Prefidial des

vingt-huit & vingt-neuf Avril dernier ; Et neanmoins a déchargé & décharge lefdits Officiers dudit Prefidial des Amen-
des, Condamnations & Decrets contenus aufdits Arrefts de
ladite Chambre des vingt-huit & vingt-neuf Avril dernier,
& luy a fait & fait inhibitions & deffenfes de les executer,
& aufdits Officiers dudit Siége Prefidial de troubler & empêcher à l'avenir ladite Chambre en la confection defdits Inventaires fuivant ledit Reglement, & de plus ufer des voyes
mentionnées aufdites Sentences, à peine de privation de leurs
Charges. A Ordonné & Ordonne que lefdites Sentences feront rayées & biffées des Regiftres dudit Siége Prefidial ; &
à cette fin, que le Greffier dudit Siége fera tenu reprefenter
lefdits Regiftres, à ce faire contraint par toutes voyes dûës
& raifonnables, même par emprifonnement de fa perfonne,
& a condamné & condamne lefdits Prefidiaux aux dépens, taxez & moderez à cent livres. F A I T au Confeil d'Eftat du
Roy, tenu à Paris le vingt-feptiéme jour de Septembre mil
fix cent onze. Signé, F A Y E T.

L O U I S P A R L A G R A C E D E D I E U, R O Y D E F R A N C E
E T D E N A V A R R E : Au premier de nos amez & feaux
Confeillers, Maître des Requeftes ordinaire de noftre Hôtel,
ou Confeillers de nos Cours Souveraines, premier fur ce requis ; Salut. Par l'Arreft dont l'Extrait eft cy-attaché fous nô-
tre contre-Scel, ce jourd'huy donné en noftre Confeil, fur
le different mû pardevant Nous en iceluy ; Entre nos Officiers du Gouvernement & Siége Prefidial de noftre Ville de
Montpellier, Demandeurs, & requerans l'Entherinement de
nos Lettres Patentes du feptiéme May 1610. d'une part ; Et
noftre Procureur General en noftre Chambre des Comptes
de ladite Ville, Deffendeur d'autre : Nous avons entre autres
chofes ordonné que les Sentences renduës par les Officiers
dudit Siége Prefidial des vingt-huit & vingt-neuf d'Avril dernier, mentionnées en noftredit Arreft, feront rayées & biffées des Regiftres dudit Siége Prefidial ; & à cette fin que
le Greffier dudit Siége fera tenu reprefenter lefdits Regiftres,
& à ce faire contraint par toutes voyes dûës & raifonnables,
même par emprifonnement de fa perfonne, & condamné
lefdits

lefdits Officiers dudit Prefidial és dépens moderez à cent livres. A CES CAUSES, Nous vous mandons & ordon-
nons de proceder à l'execution de noftredit Arreft, & ce faifant, contraindre par toutes voyes dûës & raifonnables,
même par emprifonnement de fa perfonne, le Greffier dudit Siége Prefidial de vous reprefenter les Regiftres dudit
Siége, pour eftre lefdites Sentences par vous rayées & biffées,
ainfi qu'il eft porté par noftredit Arreft; & à cet effet vous
tranfporter où befoin fera : De ce faire vous donnons pouvoir, authorité & mandement fpecial par ces Prefentes, par
lefquelles mandons au premier noftre Huiffier ou Sergent fur
ce requis, fignifier noftredit Arreft aux Officiers dudit Siége,
à ce qu'ils n'en pretendent caufe d'ignorence, leur faifant
deffenfes d'y contrevenir fur les peines y contenuës; & en
outre contraindre lefdits Officiers Prefidiaux par toutes voyes
dûës & raifonnables, payer & délivrer incontinent & fans
delay, à noftredit Procureur General ladite fomme de cent
livres, pour les dépens aufquels ils ont efté condamnez par
noftredit Arreft; & de faire tous Exploits, Significations,
& Contraintes requifes & neceffaires pour l'execution, tant
de noftredit Arreft, que de ces Prefentes, fans qu'il foit pour
ce tenu demander Placet, Vifa ne Pareatis. CAR tel eft noftre plaifir : DONNE' à Paris le vingt-feptiéme jour de Septembre, l'an de grace mil fix cent onze; & de noftre Regne
le deuxiéme. Signé par le Roy, en fon Confeil. FAYET.
Et fcellé du grand Sceau, fur fimple queuë.

D

DECLARATION DU ROY,

Verifiée en la Cour des Aydes;

Portant attribution à la Chambre de la vente des biens des Comptables ; Et deffenses à la Cour des Aydes de s'y immiscer.

Du quatorziéme Mars 1611.

LOUIS par la grace de Dieu, Roy de France & de Navarre. A nos amez & feaux Conseillers, les Gens tenans nostre Cour des Aydes à Paris, Salut. Sur les Remontrances qui Nous auroient esté faites en nostre Conseil, par nostre amé & feal Conseiller & Procureur General en nostre Chambre des Comptes ; Que pour sûreté des grandes sommes de deniers esquelles feu Maître François de Vigny, nostre Receveur & Payeur des Rentes de nostre Ville de Paris, nous estoit demeuré redevable par la clôture d'aucuns de ses Comptes, qu'il avoit rendus de ladite Charge, il auroit fait executer les biens meubles délaissez par ledit feu de Vigny, saisir les immeubles ; Sçavoir, les Terres & Seigneuries de Ville-genu, Igny, Gaumont, Villiers, Forests, & autres ; & auroit iceux biens meubles, fait mettre en garde entre les mains de Gens solvables, & établir sur lesdits immeubles, bons & suffisans Commissaires, qui n'auroient pû s'acquitter de leur Commission, non plus qu'ils n'auroient pû faire vendre lesdits meubles, ainsi qu'il est accoûtumé, au moyen de plusieurs Opposans ; entr'autres de ses enfans, & de ses prétendus creanciers, lesquels voulans poursuivre pardevant Vous, pour les faire debouter de leurs oppositions, auroient suscité

Maître Jean Carrel, foy difant Syndic defdits creanciers, &
Maître Louis Maffuau, qui a contracté avec Nous pour les
debets de Quittances qui font fur nos Comptes, pour la commune intelligence defquels il n'auroit pû y mettre fin ; ledit
Carrel pourfuivant en noftre Cour de Parlement de Paris,
& depuis en noftre Confeil, où il auroit obtenu Arreft du
mois de May dernier, portant deffenfes audit Maffuau de
pourfuivre pardevant Vous : Ce qu'il voudroit tirer en confe-
fequence contre noftre Procureur General, & par fes pourfuites & fuites, s'approprier de partie des biens dudit Sieur
de Vigny, faire faire les Baux comme il a fait à fa devotion,
& tirer des deniers d'entrée & autre commodité, au defavan-
tage de noftre fervice, & de plufieurs pauvres creanciers ;
Nous requerant qu'il nous plût y apporter le remede neceffaire. A ces Causes, aprés avoir fait voir en noftre
Confeil, les Procés verbaux des executions, faifies & établif-
fement de Commiffaires, Arreft de noftre Confeil, & les
pourfuites faites en confequence d'iceux ; NOUS avons
évoqué & évoquons en noftre Confeil, tous les Procés &
differens qui font pendans & indécis en quelque Cour & Jurifdiction que ce foit, entre les creanciers dudit de Vigny, &
autres prétendus droits, és biens delaiffez aprés fon decés, &
iceux renvoyez & renvoyons pardevant Vous, pour eftre jugez & terminez en la maniere accoûtumée, & en tant que
befoin eft ou feroit, Vous en avons attribué & attribuons tou-
te Cour, Jurifdiction & connoiffance, & icelle interdite &
deffenduë, interdifons & deffendons à tous autres Cours &
Jurifdictions, fans qu'aprés que difcution aura efté faite des
oppofitions afin de diftraire fur lefdits biens meubles, Vous
puiffiez vous immiffer à faire la vente d'iceux, que voulons
eftre faite par nos amez & feaux Confeillers, les Gens de nos
Comptes, aufquels elle appartient, & ainfi qu'il eft accoûtumé. Et d'autant qu'il eft impoffible à noftre Procureur General, de faire joüir ledit Commiffaire établi à fa requefte, des
Maifons & chofes faifies, pour en rendre compte felon qu'il
luy fera cy-aprés ordonné, au moyen de plufieurs autres éta-
blis à la devotion dudit Carrel, & autres creanciers, pour dif-
pofer defdits biens à leur devotion, ayant efté averti qu'ils ont

laiſſé dégrader & détériorer leſdits lieux, comme ils conti-
nüent de faire journellement, eſtant beſoin pour ſûreté de ce
qui Nous eſt dû, & conſervation des droits des creanciers,
d'avoir un Commiſſaire reſidant & ſolvable , & duquel la
probité Nous ſoit connuë, pour regir & avoir ſoin deſdits lieux
ſaiſis ; NOUS voulons que vous ayez à laiſſer joüir pleine-
ment & paiſiblement ledit Commiſſaire établi à la Requeſte
de noſtredit Procureur General ; Deffendant tres-expreſſé-
ment à toutes perſonnes de le troubler ny empêcher au fait
de ladite Commiſſion, ſur les peines portées par nos Ordonnances. Vous mandons en outre , faire aux Parties oüyes, &
que voulons eſtre aſſignées pardevant Vous , bonne & briéve
juſtice : CAR ainſi Nous plaît eſtre fait, nonobſtant tous
Edits, Reglemens, & Arreſts à ce contraires : Auſquels &
a la dérogatoire de la dérogatoire, Nous avons dérogé & dé-
rogeons par ces Preſentes. Donné à Paris, le quatorziéme
jour de Mars , l'An de grace mil ſix cent onze ; & de noſtre
Regne le premier. Signée , Par le Roy en ſon Conſeil,
MALLIER, & ſcellées. *Et au bas deſdites Lettres eſt écrit :*
Regiſtrées en la Cour des Aydes ; oüy le Procureur General du
Roy, pour eſtre executées ſelon ſa forme & teneur. A Paris,
le quinziéme Avril mil ſix cent onze. Signé, BERNARD.

Collationné ſur pareilles Lettres inſerées au Procés verbal de Scellé
de Me François de Vigny, Receveur & Payeur des Rentes
de l'Hoſtel de Ville de Paris , eſtant au dépoſt du Greffe, par
moy Conſeiller - Secretaire du Roy , & Greffier en ladite
Chambre. Signé, COUPEAU.

EXTRAIT DU REGLEMENT
de 1625. rendu entre le Parlement & la Chambre des Comptes de Bretagne.

ARTICLE 25.

POurra ladite Chambre proceder par Saisie, Scellé & Inventaire, sur les Biens, Meubles, Acquits & Titres des Comptables, decedez sans avoir compté, ou redevables à Sa Majesté, sans empêcher que les Juges ordinaires puissent aussi proceder par Scellé, Saisie, Inventaire avec ladite Chambre : Et au cas que dans quarante jours aprés ledit decés ne se presente heritiers, sera passé outre à la prisée & vente desdits Meubles par les Officiers de ladite Chambre, privativement à tous autres Juges; Et au cas que dans ledit temps il se presente heritiers, seront tenus les Officiers de ladite Chambre de laisser ladite prisée & vente aux Juges ordinaires des lieux.

B

ARREST DU CONSEIL
D'ETAT DU ROY,

Portant que par les Commiſſaires de la Chambre, il ſera procedé à la deſcription & Inventaire des biens de feu Me Martin Lyonne, Treſorier des Ligues Suiſſes.

Du onziéme Aouſt 1635.

Extrait des Regiſtres du Conſeil d'Etat.

LE ROY s'eſtant fait repreſenter en ſon Conſeil, l'Etat arrêté en iceluy, le   jour d dernier, de la Recette & dépenſe faite par Maître Martin Lyonne, à cauſe de ſa Charge de Treſorier des Ligues Suiſſes & Griſons; Par lequel ledit Lyonne eſt demeuré redevable à Sa Majeſté de Cinq cent mil livres, depuis lequel temps, & ſans avoir donné ordre par ledit Lyonne au payement de ladite ſomme, il s'eſt abſenté de cette Ville de Paris, de la perſonne duquel ayant fait dûës perquiſitions ſans avoir eſté trouvé, Sa Majeſté auroit Ordonné à Maître Jean-Baptiſte Lambert, Controlleur des Reſtes & bons d'Etats audit Conſeil, de faire ſceller les Chambres, Cabinets & Armoires, eſtans és Maiſons dudit Lyonne; Ce qui auroit eſté executé, ainſi qu'il appert par le Procés verbal de Tourte, Huiſſier dudit Conſeil: Pour la levée duquel Scellé, & de ceux qui ont eſté mis en vertu de l'Arreſt de la Chambre des Comptes, par le Commiſſaire Coiffier, eſtant beſoin de commettre aucuns dudit Conſeil: SA MAJESTE' EN SONDIT CONSEIL, a commis & commet les Sieurs de Cheury, Conſeiller audit Conſeil, & Controlleur General des Finances; & Cornuel auſſi Conſeiller audit Conſeii, & Intendant des Finances, pour faire lever les Scellez appoſez és Maiſons du-

dit Lyonne, tant par ledit Tourte, & en vertu de l'Arreſt de
ladite Chambre des Comptes, en la preſence des Sieurs Commiſſaires d'icelle & dudit Commiſſaire Coiffier, & faire faire
Inventaire & deſcription ſommaire par le Sieur le Ragois,
Secretaire du Conſeil, des biens & effets qui ſe trouveront
ſous leſdits Scellez; leſquels leſdits Sieurs de Cheury & Cornuel Commiſſaires, feront mettre és mains dudit Lambert,
pour en demeurer chargé & Dépoſitaire, à la conſervation des
Droits de Sadite Majeſté, & des autres creanciers qu'il appartiendra; Laquelle cependant Ordonne audit Lambert de faire
proceder par voye de ſaiſie reelle & effectuelle ſur les Offices,
Maiſons, Heritages & Rentes qui ſe trouveront appartenir
audit Lyonne, & d'en pourſuivre les Adjudications & Decrets
en la maniere accoûtumée; Sçavoir, deſdits Offices & Rentes,
au Conſeil de Sa Majeſté, & deſdites Maiſons & Heritages,
en la Cour des Aydes à Paris, pour eſtre les deniers provenans
payez par préference, à l'acquit de ce que ledit Lyonne doit
à Sa Majeſté, à cauſe du maniement de ſa Charge, ſur le prix
deſdits Offices, & le ſurplus diſtribué ainſi qu'il ſera ordonné
audit Conſeil : Et pour les autres Biens, Titres, Papiers &
Acquits dudit Lyonne, en quelque lieu qu'ils ſe trouvent, il en
ſera fait Inventaire & deſcription, par leſdits Commiſſaires de
la Chambre, & par eux procedé ſur le tout en la maniere accoûtumée. FAIT au Conſeil d'Etat du Roy, tenu pour ſes
Finances à Paris, le onziéme jour d'Aouſt mil ſix cent trente-
cinq. Signé, CORNUEL.

*Collationné à l'Original, par moy Conſeiller-
Secretaire du Roy & de ſes Finances.*

Signé, RICHER.

ARREST DU CONSEIL

D'ETAT DU ROY,

Contre la Cour des Aydes & le Prevoſt de Paris, ſur le Scellé de Maître Louis Gaveau, Procureur General des Finances à Limoges.

Du quatriéme Juin 1639.

Extrait des Regiſtres du Conſeil d'Etat.

SUr la Requeſte preſentée au Roy en ſon Conſeil, par Marguerite Dallory, veuve de feu Maître Louis Gaveau, vivant Conſeiller de Sa Majeſté, & Receveur General de ſes Finances à Limoges, tant en ſon nom que comme Tutrice naturelle des Enfans mineurs dudit deffunt & d'elle; Contenant que le decés avenu dudit deffunt Gaveau, qui arriva il y a un mois ou environ, il a eſté procedé par ſaiſie & execution, des biens meubles trouvez en la Maiſon dudit deffunt, & apoſé pluſieurs Scellez és Coffres & Cabinets eſtans en ladite Maiſon, tant en vertu des Arreſts de voſtre Chambre des Comptes, que Cour des Aydes : Comme auſſi aucuns creanciers dudit deffunt, en vertu des Ordonnances du Prevoſt de Paris, ſans toutefois qu'il ait eſté laiſſé à ladite Suppliante coppie des Procés verbaux deſdits Scellez, encore qu'iceux luy ayent eſté baillez en garde : Cependant icelle Suppliante ne peut donner ordre pour le bien de ſes mineurs, aux affaires de ladite ſucceſſion, que par le moyen des Papiers qui ſont ſous leſdits Scellez, ce qu'elle ne peut faire, attendu la conteſtation qui eſt entre les Juges, de l'ordonnance deſquels leſdits Scellez ont eſté appoſez ; A quoy, s'il n'eſtoit pourvû par Sa Majeſté, ladite Suppliante ſeroit conſommée en frais : Requerant

icelle

icelle Suppliante, qu'il plût à Sadite Majefté Ordonner, qu'il
fera inceffamment procedé à la levée defdits Scellez appofez
en la Maifon dudit deffunt Gaveau, & qu'Inventaire & defcription des Biens, Titres, Papiers, Acquits & Meubles, fera
faite par tels defdits Officiers qu'il plaira à Sa Majefté commettre, fans qu'il foit befoin d'appeller aucuns defdits creanciers, ainfi que le contient ladite Requefte. Vû laquelle, enfemble les Lettres Patentes de Sa Majefté, données à Paris le
quatorziéme Mars 1611. verifiées par ladite Cour des Aydes,
le quinziéme en fuivant audit An ; Par lefquels appert avoir
efté Ordonné, que ladite Chambre feroit defcription & vente
des Biens Meubles delaiffez aprés le decés de deffunt Maître
François de Vigny, Receveur & Payeur des Rentes de la Ville
de Paris. Vû auffi un Arreft du Confeil, du   jour
d'Aouft mil fix cent trente-cinq, par lequel a efté Ordonné,
que ladite Chambre feroit pareille defcription des Biens de
Maître Martin Lyonne, Treforier des Ligues Suiffes & Gri-
fons; Oüy le Rapport du Sieur Commiffaire ; Et tout confideré.
LE ROY EN SON CONSEIL, a Ordonné & Ordonne,
Que par les Officiers de ladite Chambre des Comptes, il fera
inceffamment procedé à la levée defdits Scellez appofez en
la Maifon dudit deffunt Gaveau, & à l'Inventaire & defcription des Biens Meubles, Papiers, & autres Titres qui fe trouveront fous lefdits Scellez ; Pour ce Fait, eftre procedé à la difcution des Biens Meubles & Immeubles dudit deffunt, par les
Officiers aufquels la connoiffance en appartient en la maniere
accoûtumée. FAIT au Confeil d'Etat du Roy, tenu à Paris
le quatriéme jour de Juin mil fix cent trente-neuf,

Signé, DE BORDEAUX.

ARREST DU CONSEIL
D'ETAT DU ROY,

*Contre les Requestes du Palais, sur le Scellé de feu Maître
Jean de la Grange, Fermier des Cinq Grosses Fermes.*

Du septiéme Janvier 1640.

Extrait des Registres du Conseil d'Etat.

SUR ce qui a esté remontré au Roy en son Conseil, par son
Procureur General en sa Chambre des Comptes, qu'é-
tant avenu le decés de Maître Jean de la Grange, cy-devant
Fermier des Cinq Grosses Fermes, Domaine de Vallence, des
Imposts sur le Vin, & autres Marchandises passans à Meulan,
pour le dû de sa Charge, & pour sûreté des grandes sommes
de deniers par luy dûës a Sa Majesté, tant par les Etats finaux
des Comptes rendus en ladite Chambre, que des Comptes
qui luy restent à rendre, il auroit fait apposer le Scellé en vertu d'Arrest de la Chambre, en la Maison dudit deffunt de la
Grange ; Et par autre Arrest d'icelle, auroit esté Ordonné que
ledit Scellé seroit levé, & l'Inventaire des Meubles & description des Papiers fait par les Commissaires à ce par elle députez, en la presence dudit Procureur General, les creanciers
dudit feu de la Grange, & autres opposans audit Scellé presens,
ou dûëment appellez ; A l'execution desquels Arrests, ledit
Procureur General auroit eû avis que les Commissaires de la
Chambre sont troublez par les Gens tenans les Requestes du
Palais, prétendant faire la levée dudit Scellé, & proceder à
l'Inventaire & description desdits Meubles & Papiers ; Ce qui
est contre les formes ordinaires, ladite Chambre estant fondée de droit au Scellé des Biens des Comptables, description
& Inventaire de ce qui se trouve és Maisons d'iceux ; Reque-

roit qu'il plûſt à Sa Majeſté d'y pourvoir. Vû les Arreſts dudit Conſeil , donnez le huitiéme Octobre mil ſix cent trois,
entre ledit Procureur General, & le Sieur Miron Lieutenant
Civil , ſur le different mû pour raiſon du Scellé, & Inventaire
des Biens de feu Maître Nicolas Roguais, Treſorier de l'Ordinaire des Guerres : Les Lettres Patentes du quatorziéme
Mars mil ſix cent onze, Regiſtrées en la Cour des Aydes le
quinziéme Avril audit An, ſur la conteſtation mûë entre ladite Chambre & ladite Cour des Aydes, pour le Scellé, Inventaire & vente des Biens de feu Maître François de Vigny,
Receveur & Payeur des Rentes de la Ville de Paris , par leſquelles auroit eſté Ordonné que ladite Chambre feroit la deſcription & vente des Biens dudit feu Maître François de Vigny , Receveur & Payeur des Rentes de la Ville de Paris. Autre Arreſt dudit Conſeil, du quatriéme Juin 1639 , portant que
par les Officiers de ladite Chambre, il feroit inceſſamment
procedé à la levée des Scellez par elle appoſez en la Maiſon de
deffunt Maître Louis Gaveau, Receveur General des Finances
à Limoges , & à l'Inventaire & deſcription des Biens Meubles,
Papiers & Titres qui ſe trouveront ſous leſdits Scellez. Vû
auſſi les Extraits des Etats finaux des Comptes deſdites Cinq
Groſſes Fermes , rendus par ledit feu de la Grange , pour les
Années 1621, 22 , 23 , 24 , 25 , 26 , 27 , 28 , & 1629 , par leſquels
appert ledit feu de la Grange eſtre demeuré redevable envers
Sa Majeſté de notables ſommes de deniers. LE ROY EN
SON CONSEIL, a Ordonné & Ordonne, Que les Officiers
de ladite Chambre des Comptes, procederont inceſſamment
en la preſence de ſon Procureur General en icelle , à la levée
des Scellez appoſez en la Maiſon dudit deffunt de la Grange,
& à l'Inventaire & deſcription des Biens Meubles, Papiers,
& autres Titres qui ſe trouveront ſous iceux, ainſi qu'il eſt
accoûtumé , les creanciers dudit de la Grange, & autres oppoſans à iceux preſens, ou dûëment appellez ; Fait Sa Majeſté deffenſes aux Gens des Requeſtes du Palais, & à tous
Juges, de les y troubler & empêcher , en quelque ſorte
& maniere que ce ſoit. FAIT au Conſeil d'Etat du Roy,
tenu à Roüen , le cinquiéme jour de Janvier mil ſix cent

quarante. Signé, BORDIER. *Et au bas est écrit:* Regiſtré en la Chambre des Comptes; Oüy le Procureur General du Roy, le ſeptiéme jour de Janvier mil ſix cent quarante. Signé, BOURLON.

Extrait des Regiſtres de la Chambre des Comptes.

Signé, COUPEAU.

ARREST

ARREST DU CONSEIL

D'ETAT DU ROY,

*Contre les Requeſtes du Palais & Treſoriers de France,
ſur le Scellé de Maître Jean Phelippes, Receveur
des Tailles de Paris.*

Du vingt-trois Février 1641.

Extrait des Regiſtres du Conſeil d'Eſtat.

SUR ce qui a eſté remontré au Roy en ſon Conſeil, par
ſon Procureur General en ſa Chambre des Comptes:
Qu'il auroit eu avis que Maître Jean Phelippes, Receveur
des Tailles de Paris, Payeur du Lieutenant Criminel de
Robbe courte, Caution & Aſſocié de Maître François Chau-
donnay, Fermier general des Aydes de France, ſe ſeroit
abſenté depuis peu ſans avoir compté deſdites Tailles de l'année mil ſix cent trente-neuf, dudit payement dudit Lieutenant Criminel, depuis l'année mil ſix cent trente-un, juſques
à preſent, de ladite Ferme generale des Aydes, des années
mil ſix cent trente-ſept, trente-huit, & ſuivantes ; Pour la
ſûreté deſquels Comptes à rendre, & des Acquits appartenans
à Sa Majeſté, il auroit fait appoſer le Scellé en vertu de
l'Arreſt de la Chambre du vingt-deuxiéme des preſents mois
& an ; à l'execution duquel, ledit Procureur General auroit
eu avis que les Commiſſaires de la Chambre ſeroient troublez par les Gens tenans les Requeſtes du Palais, & Treſoriers de France de Paris, prétendans faire la levée dudit Scellé,
& proceder à l'Inventaire & deſcription des Meubles & Papiers dudit Phelippes, contre les formes ordinaires, la Chambre eſtant fondée de droit au Scellé des Biens des Comptables, deſcription & Inventaire de ce qui ſe trouve és maiſons

G

d'iceux : Requeroit qu'il plût à Sa Majesté d'y pourvoir.
VEU les Arrests dudit Conseil, des septiéme Octobre mil
six cent trois, entre ledit Procureur General, & le Sieur Miron
Lieutenant Civil, sur le different mû pour raison du Scellé
& Inventaire des Biens de feu Maître Nicolas Rogais, Tresorier general de l'Ordinaire des Guerres : Les Lettres Patentes du vingt-quatriéme Mars mil six cent onze, Registrées
en la Cour des Aydes le quinziéme Avril audit an, sur la
contestation muë entre ladite Chambre & ladite Cour des
Aydes, pour le Scellé, Inventaire, description & vente des
Biens de feu Maître François de Vigny, Receveur & Payeur
des Rentes de l'Hôtel de Ville de Paris, par lesquelles auroit
esté ordonné que ladite Chambre feroit la description &
vente des Biens meubles dudit de Vigny. Autre Arrest dudit Conseil, du cinquiême Janvier mil six cent quarante,
sur la contestation d'entre les Commissaires de ladite Chambre, & les Commissaires desdites Requestes du Palais, pour
les Scellez apposez en la Maison de deffunt Maître Jean de
la Grange, vivant Fermier des Cinq grosses Fermes. LE ROY
EN SON CONSEIL, A Ordonné & Ordonne, Que les
Officiers de ladite Chambre des Comptes procederont incessamment en la presence de son Procureur General en icelle,
à la levée des Scellez apposez en la Maison dudit Phelippes,
& à l'Inventaire & description des Biens meubles, Papiers
& Titres qui se trouveront sous iceux, ainsi qu'il est accoûtumé, les Creanciers d'iceluy Phelippes & Opposans, presens
ou deuëment appellez; Fait Sa Majesté deffenses aux Gens
des Requestes du Palais, & à tous Juges, de les y troubler & empêcher en quelque sorte & maniere que ce soit.
FAIT au Conseil d'Estat du Roy, tenu à Paris le vingt-troi-
siéme jour de Février mil six cent quarante-un. Signé BORDIER.
Et au dos est écrit : L'AN mil six cent quarante-un, le cinquiéme Mars, le present Arrest de l'autre part écrit, a esté
signifié & baillé copie à Maîte Nicolas Dupin Huissier en la
Cour des Aydes, soy-disant Commis à la garde des Scellez
& meubles estant en la Maison dudit Phelippes, en parlant
à sa personne, trouvée audit lieu heure de midy, à ce qu'il
n'en ignore, aux fins y contenuës, par moy Huissier des

Comptes fous-figné, qui a fait réponfe qu'il ne fçait à quelle fin l'on luy fignifie le prefent Arreft, n'y a aucun intereft, n'y eft nommé ny compris, & par quoy il fe faut adreffer à Monfieur le Procureur General. Signé, DESPREZ.

Collationné à l'Original par moy Confeiller-Secretaire du Roy, & Greffier en ladite Chambre des Comptes.

Signé, COUPEAU.

ARREST DU CONSEIL

D'ETAT DU ROY,

Contre la Cour des Aydes.

Du neuf Mars 1641.

Extrait des Regiftres du Confeil d'Eftat.

SUR ce qui a efté remontré au Roy en fon Confeil, par fon Procureur General en fa Chambre des Comptes, Que par Arreft du treiziéme Février dernier, donné en confequence d'autres Arrefts dudit Confeil, & Lettres Patentes du quatorziéme Mars mil fix cent onze, Regiftrées en la Cour des Aydes le quinziéme Avril en fuivant ; Sa Majefté pour les caufes y contenuës, auroit ordonné que les Scellez appofez à la Requefte dudit Procureur General, en la Maifon de Maître Jean Phelippes, Receveur des Tailles en l'Election de Paris, Payeur des Gages du Lieutenant Criminel de Robbe courte, & l'un des Affociez au Bail general des Aydes, tant par les Gens tenans les Requeftes du Palais, que les Treforiers de France en la Generalité de Paris, feroient levez, & la defcription des Biens meubles, Papiers & Titres, faite par les Commiffaires de la Chambre, en prefence dudit Procureur General, en la maniere accoûtumée ; les Creanciers d'iceluy Phelippes & Oppofans prefens, ou deuëment appellez, lefdits Commiffaires auroient fait lever le Scellé appofé en fuite par les Prevoft des Marchands & Efchevins de cette Ville de Paris: Et ayans commencé la defcription defdits Meubles, Titres & Papiers, la Cour des Aydes par un attentat manifefte à l'Arreft du treiziéme Février dernier, portant deffenfes à tous Juges de les y troubler & empêcher en quelque forte & maniere que ce fût, auroit fait enlever de force deux tantures de Tapifferies, un Miroir, & autres meubles, quoy que le-

dit

dit Arreft leur eût efté montré & notifié. Et d'autant que la Chambre des Comptes eft fondée de droit & en poffeffion immemorialle de faire vendre les Biens meubles de tous Comptables, demeurez redevables à Sa Majefté ; mêmes par lefdites Lettres Patentes du quatorziéme Mars 1611. Regiftrées en la Cour des Aydes le quinziéme Avril en fuivant : Requeroit qu'il plût à Sa Majefté d'y pourvoir. VEU les Inventaires & Procés verbaux de la vente des Biens meubles de plufieurs Comptables ; Les Lettres Patentes du quatorze Mars 1611. Regiftrées en la Cour des Aydes le quinziéme Avril en fuivant, fur la conteftation muë entre ladite Chambre & ladite Cour des Aydes, pour le Scellé, Inventaire, defcription & vente des Biens de feu Maître François de Vigny, Receveur & Payeur des Rentes de l'Hôtel de Ville de Paris ; par lefquelles auroit efté ordonné que ladite Chambre feroit la defcription & vente des Meubles dudit de Vigny. Autre Arreft dudit Confeil, du cinquiéme Janvier mil fix cent quarante, fur la conteftation d'entre les Commiffaires de ladite Chambre, & les Commiffaires defdites Requeftes du Palais, pour les Scellez appofez en la Maifon de deffunt Maître Jean de la Grange, vivant Fermier des Cinq groffes Fermes. Autre Arreft dudit Confeil, du   jour d'Aouft 1635. par lequel eft ordonné que les Commiffaires de la Chambre feront Inventaire & defcription des Biens meubles, Titres, Papiers & Acquits de Maître Martin Lyonne, Treforier des Ligues Suiffes, & la vente & Adjudication de fes Maifons & Heritages en ladite Cour des Aydes : Oüy le Procureur General de ladite Cour des Aydes, qui a foûtenu les pretentions de ladite Cour, & fait plainte des Ordonnances renduës par les Officiers de ladite Chambre, pour la levée du Scellé de ladite Cour, fans appeller les Commiffaires d'icelle qui l'avoient appofé. LE ROY EN SON CONSEIL, a Ordonné & Ordonne, que les Lettres de mil fix cent onze, feront executées felon leur forme & teneur ; & en confequence d'icelles, que l'Inventaire & defcription des Papiers dudit Phelippes fera continué par les Officiers de la Chambre, & les Biens meubles par eux vendus ainfi qu'il eft accoûtumé : Et à cette fin les Meubles enlevez, feront rapportez en la

H

Maison dudit Phelippes. VEUT en outre Sa Majesté, qu'à l'avenir les Scellez apposez par la Cour des Aydes, ne pourront estre levez par les Officiers de ladite Chambre, qu'aprés que les Commissaires de ladite Cour des Aydes auront esté appellez pour les reconnoître, nonobstant l'Ordonnance de ladite Chambre, qui ne pourra estre tirée à consequence à l'avenir. FAIT au Conseil d'Estat du Roy, tenu à Paris le neuviéme Mars mil six cent quarante-un. Signé, BORDIER.

L'An mil six cent quarante-un, le quinziéme jour de Mars, l'Arrest du Conseil contenu de l'autre part, a esté montré, signifié à la Requeste de Maître Louis Girard, Conseiller du Roy en ses Conseils, & son Procureur General en sa Chambre des Comptes de Paris, & d'icelluy baillé Copie aux fins y contenuës, à Nosseigneurs de la Cour des Aydes de Paris, parlant pour eux en la Maison & domicille de Maître Edoüart le Camus, aussi Conseiller du Roy en ses Conseils, & son Procureur General en ladite Cour, à Nicolas Regnier son Portier ; à ce que du contenu audit Arrest, lesdits Sieurs n'en pretendent cause d'ignorance, par moy Huissier ordinaire du Roy en ses Conseils d'Estat & Privé, sous-signé, Signé, QUIQUEBEUF.

ARREST DU CONSEIL
D'ETAT DU ROY.

Contre les Requeſtes du Palais.

Du troiſiéme Septembre 1644.

Extrait des Regiſtres du Conſeil d'Etat.

SUR ce qui a eſté remontré au Roy en ſon Conſeil, par ſon Procureur General en ſa Chambre des Comptes; Qu'eſtant avenu le decés de Maître Claude de Liſle, vivant Receveur & Payeur des quatre & ſixiéme parties des Rentes, aſſignées ſur les Huit millions de livres de rentes ſur les Tailles, & Receveur General des Gabelles de Lyonnois, & pourvû d'autres Charges, pour le dû de ſa Charge & pour ſûreté de notables ſommes de deniers qu'il peut devoir à Sa Majeſté, tant par les Etats finaux des Comptes par luy rendus, que des Comptes qui luy reſtent à rendre; Il auroit fait appoſer le Scellé, en vertu d'Arreſt de la Chambre, en la Maiſon d'iceluy deffunt, & par autre Arreſt d'icelle, auroit eſté Ordonné que ledit Scellé ſeroit levé, & l'Inventaire des Meubles & deſcription des Papiers, fait par les Commiſſaires à ce par Elle deputez, en la preſence dudit Procureur General, les Prevoſt des Marchands, le Commiſſaire de Laiſtre, & autres oppoſans audit Scellé, preſens ou dûëment appellez; A l'execution deſquels Arreſts, les Commiſſaires de la Chambre ſont empêchez par les Gens tenans les Requeſtes du Palais, prétendans faire la levée dudit Scellé, & proceder à l'Inventaire & deſcription deſdits Meubles & Papiers; Ce qui eſt contre les formes ordinaires, ladite Chambre eſtant fondée de droit au Scellé des Biens des Comptables; deſcription, Inventaire & Vente des Meubles, qui ſe trouvent en leurs Maiſons; Requeroit qu'il plût à Sa Majesté d'y pourvoir. Vû l'Arrest du Conseil, du 5. Janvier 1640. par lequel sur les Arrests donnez audit Conseil, le septiéme Octobre 1603. entre ledit Procureur General & le Sieur Miron Lieutenant Civil, sur le different mû pour raison du Scellé & Inventaire des Biens de feu Nicolas Rogais, Tresorier de l'Ordinaire des Guerres ; Les Lettres Patentes du quatorziéme Mars 1611. Regiftrées en la Cour des Aydes le quinze Avril ensuivant, sur la contestation mûë entre ladite Chambre & ladite Cour des Aydes, pour le Scellé, Inventaire, description & vente des Biens de feu Maître François de Vigny, Receveur & Payeur des Rentes de la Ville de Paris ; Par lesquelles auroit esté Ordonné, que ladite Chambre feroit la description & vente des Biens Meubles dudit de Vigny. Autre Arrest dudit Conseil, du quatriéme Juin 1639. portant que par les Officiers de la Chambre, il feroit incessamment procedé à la levée des Scellez par Elle apposez en la Maison de deffunt Maître Louis Gaveau, Receveur General des Finances à Limoges, & à l'Inventaire & description des Biens Meubles, Papiers & autres Titres, qui se trouveront sous lesdits Scellez, Sa Majesté auroit Ordonné que les Officiers de ladite Chambre des Comptes, procederoient incessamment en la presence de son Procureur General en icelle, à la levée des Scellez apposez en la Maison de Maître Jean de la Grange, Fermier des Cinq grosses Fermes, & à l'Inventaire & description des Biens Meubles, Papiers, & autres Titres qui se trouveroient sous iceux, ainsi qu'il est accoûtumé, les creanciers dudit de la Grange & autres opposans à iceux, presens ou dûëment appellez ; Et par lequel Sa Majesté fait deffenses aux Gens tenans les Requestes du Palais, & à tous Juges de les y troubler & empêcher en quelque maniere que ce soit. Autre Arrest dudit Conseil du neufiéme Mars 1641. par lequel Sa Majesté Ordonne, que lesdites Lettres de ladite Année 1611. feront executées selon leur forme & teneur ; Et en consequence d'icelles, que l'Inventaire & description des Papiers de Maître Jean Phelippes, l'un des Associez au Bail des Aydes, sera continuée par les Officiers de la Chambre, & les Biens Meubles par eux vendus, ainsi qu'il est accoûtumé ; & à cette fin, que les Meubles enlevez feront rapportez en la Maison d'iceluy Phelippes :

Veut

Veut en outre Sa Majesté, qu'à l'avenir les Scellez appofez par la Cour des Aydes, ne pourront eftre levez par les Officiers de ladite Chambre, qu'aprés que les Officiers de ladite Cour des Aydes auront efté appellez pour les reconnoître. LE ROY EN SON CONSEIL, a Ordonné & Ordonne, Que les Arrefts de ladite Chambre, des premier & deuxiéme des prefent mois & an, feront executez; Et ce faifant, que les Commiffaires de ladite Chambre, procederont inceffamment en la prefence de fon Procureur General en icelle, à la levée des Scellez appofez en la Maifon dudit deffunt de Lifle, & à l'Inventaire & defcription des Meubles, Papiers & autres Titres, qui fe trouveront fous iceux, & à la vente defdits Meubles, ainfi qu'il eft accoûtumé, les Commiffaires des Requeftes du Palais, Prevoft des Marchands, Commiffaire du Chaftelet, & autres oppofans, prefens ou dûëment appellez; Fait Sa Majefté deffenfes aux Gens des Requeftes du Palais, Prevoft des Marchands & autres Juges, de les y troubler & empêcher, en quelque forte & maniere que ce foit. FAIT au Confeil d'Etat du Roy, tenu à Paris, le troifiéme jour de Septembre mil fix cent quarante-quatre. Signé, BOVER.

Collationné à l'Original, eftant en la Chambre des Comptes, par moy Confeiller-Secretaire du Roy, Greffier de ladite Chambre.

Signé, RICHER.

I

QUITTANCE

DU COMMISSAIRE DELAISTRE
de ses Salaires remis par Ordonnance
de la Chambre

Du Procés Verbal de l'apposition des Scellez faite sur les biens de feu Maître de Lisle, Payeur des Rentes, a été tiré ce qui ensuit.

NOUS Claude Delaistre, Commissaire examinateur au Châtelet de Paris ; Certifions à tous qu'il appartiendra, que suivant l'Ordonnance de Monsieur le Lieutenant Civil, Nous avons laissé en la maison dudit feu Sieur de Lisle, pour la garde & conservation des Scellez apposez en ladite maison, Pierre de la Marre, Pierre Nepveu, Nicolas Thomas, Jean Deu & Lambert, Huissiers audit Châtelet, qui ont demeuré en icelle, depuis ledit jour de l'apposition troisiéme Septembre, jusques au septiéme dudit mois de relevée, qu'icelle garnison a été levée de l'Ordonnance de Messieurs des Comptes. FAIT & délivré par Nous Commissaire Examinateur susdit, le vingt-deuxiéme jour de Decemmil six cent quarante-quatre. Signé, DELAISTRE.

Collationné à l'Original étant en la Chambre des Comptes par moy Conseiller-Secretaire du Roy, Greffier de ladite Chambre.

Signé, RICHER.

ORDONNANCE
DE LA CHAMBRE,

Pour le Payement des Salaires du Commiſſaire Seveſtre.

IL eſt Ordonné à Maître Jean Fardouë, Huiſſier en la Chambre des Comptes & Treſor à Paris, des deniers étans en ſes mains, provenus de la vente des meubles de défunt Maître Claude de Liſle, vivant Receveur & Payeur general des deux, quatre & ſixiéme parties des huit millions de livres de Rentes conſtituées ſur les Tailles ; Payer & délivrer comptant à Maître Denis Seveſtre, Commiſſaire Examinateur au Châtelet de Paris, la ſomme de quatre-vingt-une livres tournois, que nous luy avons taxé & ordonné, tant pour quatre journées, par luy vacquées aux Scellez qu'il a appoſez en la maiſon dudit défunt, ſcize au Village de Pierre-Lay, levée d'iceluy, reception d'aucunes oppoſitions, que groſſe de ſon Procés verbal, contenant dix-huit Rôlles & demy : Et rapportant par vous ces préſentes, ledit Procés verbal & quittance de ladite ſomme de quatre-vingt-une livres tournois, elle ſera paſſée & alloüée en l'état de vos frais de ladite vente, ſans difficulté. FAIT par Nous Conſeillers du Roy, Maîtres Ordinaires en ſa Chambre des Comptes, Commiſſaires ſous-ſignez en cette partie, le ſeiziéme jour de Janvier 1645. Ainſi ſigné, MONSIGOT & LEFEBVRE.

J'AY Commiſſaire au Châtelet de Paris, souſſigné, confeſſe avoir reçû dudit ſieur Fardouë, la ſomme de quatre-vingt-une livres, portée par l'Ordonnance cy-deſſus, dont je quitte ledit ſieur Fardouë & tous autres. FAIT le vingt-ſixiéme jour de Mars mil ſix cent quarante-cinq. Signé,
SEVESTRE.

Collationné à l'Original étant en la Chambre des Comptes, par moy Conſeiller-Secretaire du Roy, Greffier de ladite Chambre.
Signé, RICHER.

AUTRE ORDONNANCE

Pour le Payement des Salaires du Commiſſaire Delaiſtre.

IL eſt Ordonné à Maître Joſeph Fardouë, Huiſſier en la Chambre des Comptes & Treſor à Paris, des deniers étans en ſes mains, provenus de la vente des meubles de défunt Maître Claude de Liſle vivant, Receveur general & Payeur des deux, quatre & ſixiéme parties des huit millions de livres de Rentes aſſignées ſur les Tailles ; payer, bailler & délivrer comptant à Maître Claude Delaiſtre, Commiſſaire Examinateur au Châtelet de Paris, la ſomme de deux cent vingt-ſix livres tournois, que nous luy avons taxée & ordonnée, pour les journées & vacations par luy employées à l'appoſition des Scellez és maiſons dudit defunt de Liſle de cette Ville de Paris, & au Village de Pierre-Lay, reconnoiſſance & levée d'iceux pardevant Nous, groſſe de ſon Procés verbal, & reception des oppoſitions y contenuës : Et rapportant par vous ledit Procés verbal, ces preſentes, & quittances dudit Delaiſtre de ladite ſomme de deux cent vingt-ſix livres tournois, elle ſera paſſée & allouée en la dépenſe de vôtre état & frais de ladite vente, ſans difficulté. FAIT par Nous ſouſignez Commiſſaires en cette partie, le huitiéme jour de Février mil ſix cent quarante-cinq. Ainſi ſigné, MONSIGOT & LE FEBVRE.

Quittance dudit Delaiſtre.

JE ſouſigné Commiſſaire Examinateur au Châtelet de Paris, confeſſe avoir reçû de Maître Joſeph Fardouë, ladite ſomme de deux cent vingt-ſix livres, pour les cauſes contenuës en l'Ordonnance devant écrite ; dont je le quitte & tous autres. FAIT le neuviéme Février mil ſix cent quarante-cinq. Signé, DELAISTRE.

Collationné à l'Original étant en la Chambre des Comptes, par moy Conſeiller-Secretaire du Roy, Greffier de ladite Chambre.

Signé, RICHER.

ARREST

ARREST DU CONSEIL

DETAT DU ROY,

Contre le Parlement & le Châtelet.

Du vingtiéme Février 1645.

Extrait des Regiſtres du Conſeil d'Etat.

SUR la Requête preſentée au Roy en ſon Conſeil par ſon Procureur General en ſa Chambre des Comptes, que Maître Pierre Robillard, Receveur general des Bois au département d'Orleans , s'étant abſenté pour le dû de ſa Charge, & pour ſûreté de ce qu'il peut devoir à Sa Majeſté, tant par les Etats finaux des Comptes par luy rendus, que des Comptes qui luy reſtent à rendre de ladite Charge, pour les années 1641. & 1644. Il auroit fait appoſer le Scellé en la maiſon dudit Robillard, en vertu d'Arreſt de la Chambre : Et par autre Arreſt d'icelle , auroit été ordonné que ledit Scellé ſeroit levé , & l'Inventaire des meubles & deſcription des papiers, fait par les Commiſſaires à ce par elle députez, en la preſence dudit Procureur General, le Commiſſaire Gangny, & autres oppoſans audit Scellé preſens, on dûëment appellez : A l'execution deſquels Arreſts, les Commiſſaires de la Chambre voulans proceder, ils auroient appris qu'aucuns particuliers auroient preſenté Requête en la Cour de Parlement , & expoſé qu'en vertu des Arreſts d'icelle, ils auroient fait executer les meubles d'iceluy Robillard, & ſur iceux étably Commiſſaires, qui ſeroient empêchez de faire repreſenter les meubles dont ils étoient chargez par le moyen des Scellez appoſez par Maître   Gangny, Commiſſaire au Châtelet, & auroient obtenu un Arreſt de Viennent les parties : Et cependant deffenſes de lever les Scellez, & ſur l'aſſi-

K

gnation donnée au Commiſſaire Gangny, obtenu Arreſt de ladite Cour, par lequel ſur défaut, auroit été ordonné, que le Scellé du Commiſſaire Gangny ſeroit levé par le ſieur Doujat, Conſeiller en ladite Cour ; lequel en vertu dudit Arreſt, s'étant tranſporté au logis dudit Robillard, auroit trouvé le Scellé dudit Commiſſaire Gangny, & celuy appoſé en vertu d'Arreſt de la Chambre, à la Requête dudit Procureur General, par le moyen duquel Scellé, ledit ſieur Doujat auroit differé l'execution dudit Arreſt, & fait ſceller de ſon ordonnance : Par le moyen duquel Scellé, la Chambre ſe ſeroit trouvée empêchée en l'execution de ſes Arreſts, conformes aux Ordonnances & Pratiques des Scellez ſur les biens des Comptables, Deſcription, Inventaire & Vente des meubles qui ſe trouvent en leurs maiſons, préferablement par Privilege ſpecial, hypotequez à ſa Majeſté, laquelle ſe trouveroit privée de cet hypoteque & ſpecial Privilege, ſi telle & ſemblable execution des meubles délaiſſez és maiſons & en la puiſſance des Comptables, avoit lieu, les Particuliers devant reconnoître & ſçavoir cette ſpeciale hypoteque : REQUEROIT qu'il plût à Sa Majeſté d'y pourvoir. Vû l'Arreſt du Conſeil du ſixiéme Janvier mil ſix cent quarante, ſur les Arreſts donnez audit Conſeil le huitiéme Octobre mil ſix cent trois, entre le Procureur General & le ſieur Miron Lieutenant Civil, ſur le different mû pour raiſon du Scellé & Inventaire des biens de feu Nicolas Rogais Treſorier de l'Ordinaire des Guerres : Les Lettres Patentes du quatorziéme Mars 1611. regiſtrées en la Cour des Aydes, le quinziéme Avril en ſuivant, ſur la conteſtation mûë entre ladite Chambre & ladite Cour des Aydes, pour le Scellé, Inventaire, Deſcription & Vente des biens de feu Maître François de Vigny, Receveur & Payeur des Rentes de la Ville de Paris, par leſquelles auroit été ordonné que ladite Chambre feroit la Deſcription & Vente des biens meubles dudit de Vigny. Autre Arreſt dudit Conſeil, du quatriéme Juin mil ſix cent trente-neuf, portant que par les Officiers de la Chambre, il ſeroit inceſſamment procedé à la levée des Scellez, par elle appoſez en la maiſon de défunt Maître Loüis Gaveau, Receveur general des Finances à Limoges, & à l'Inventaire &

Description des biens meubles, Papiers & autres Titres qui se trouveroient sous lesdits Scellez ; Sadite Majesté auroit ordonné que les Officiers de ladite Chambre des Comptes procederoient incessamment, en la presence de son Procureur General en icelle, à la levée des Scellez apposez en la maison de Maître Jean de la Grange, Fermier des Cinq Grosses Fermes, & à l'Inventaire & Description des biens meubles, Papiers & autres Titres qui se trouveroient sous iceux, ainsi qu'il est accoûtumé, les créanciers dudit de la Grange, & autres opposans presens, ou dûëment appellez ; & par lequel Sa Majesté fait défenses aux Gens tenans les Requêtes du Palais, & à tous Juges de les y troubler & empêcher en quelque maniere que ce soit. Autre Arrest dudit Conseil, du neuviéme Mars mil six cent quarante-un, par lequel Sa Majesté a ordonné que lesdites Lettres Patentes de mil six cent onze, seroient executées selon leur forme & teneur ; & en consequence d'icelles, que l'Inventaire & Description des Papiers de Maître Jean Phelippes, l'un des Associez au Bail des Aydes, sera continué par les Officiers de la Chambre, & les biens meubles par eux vendus, ainsi qu'il est accoûtumé ; & à cette fin, que les meubles enlevez, seront rapportez en la maison dudit Phelippes : Veut en outre Sa Majesté, qu'à l'avenir les Scellez apposez par la Cour des Aydes, ne pourront être levez par les Officiers de ladite Chambre, qu'aprés que les Commissaires de ladite Cour des Aydes auront été appellez pour les reconnoître : Autre Arrest dudit Conseil du troisiéme Septembre mil six cent quarante-quatre, par lequel Sa Majesté a ordonné que les Commissaires de ladite Chambre procederont incessamment en la presence de son Procureur General en icelle, à la levée des Scellez apposez en la maison de défunt Maître Claude de Lisle, vivant, Receveur & Payeur des quatre & sixiéme parties des Rentes assignées sur les huit millions de Tailles, & Receveur general des Gabelles de Lionnois, & à l'Inventaire & Description des meubles, Papiers & autres Titres qui se trouveront sous iceux, & à la vente desdits meubles, ainsi qu'il est accoûtumé, les Commissaires des Requêtes du Palais, Prevôt des Marchands, Commissaire du Châtelet, & autres oppofans prefens, ou dûëment appellez ; Fait Sa Majefté défenfes aux Gens des Requêtes du Palais, Prevôt des Marchands & autres Juges, de les y troubler & empêcher en quelque forte & maniere que ce foit. Le Roy en son Conseil, a ordonné & ordonne, que les Scellez appofez en la maifon dudit Robillard, feront levez par les Commiffaires de ladite Chambre, en la prefence de fon Procureur General en icelle, les Juges ou Commiffaires qui ont appofé leur Scellé, & les oppofans prefens ou dûëment appellez, & qu'Inventaire & Defcription des papiers & meubles qui fe trouveront fous iceux, fera par eux fait, & que ledit Inventaire fait, les Papiers concernant les affaires particulieres dudit Robillard, feront mis par lefdits Commiffaires de la Chambre, és mains de celuy qui fera nommé par les heritiers ou creanciers, & ceux qui regardent la charge dudit Robillard, és mains du Procureur des Comptes dudit Robillard : Cependant qu'il fera furcis à la vente des meubles, jufqu'à ce qu'autrement par le Confeil ait été ordonné. Fait au Confeil d'Etat du Roy, tenu à Paris le vingtiéme jour de Février mil fix cent quarante-cinq. Signé Bordier. *Et plus bas eft écrit :* Regiftré en la Chambre des Comptes, Oüy le Procureur General du Roy, fuivant l'Arreft mis au plumitif le vingt-huitiéme jour de May mil fix cent quarante-huit.

Extrait des Regiftres de la Chambre des Comptes.

Signé, Bourlon.

QUITTANCE

QUITTANCE

DU COMMISSAIRE GANGNY,

De ses Salaires à cause du Scellé qu'il avoit apposé en la maison dudit Robillard.

NOUS Jean Gangny, Commissaire Examinateur au Châtelet de Paris ; confessons avoir reçû de Maître Joseph Fardouë, Huissier en la Chambre des Comptes, la somme de quatre-vingt livres tournois, à nous taxez par Nosseigneurs de la Chambre des Comptes, tant pour nos vacations d'avoir-apposé Scellé sur les biens du sieur Robillard, levée d'iceluy, que Grosse du Procés verbal par Nous fait ; de laquelle somme Nous quittons ledit sieur Fardouë, & tous autres. FAIT ce vingt-cinquiéme jour de Juillet mil six cent quarante-cinq. Signé, GANGNY.

Collationné à l'Original étant en la Chambre des Comptes, par moy Conseiller-Secretaire du Roy, Greffier de ladite Chambre.

Signé, RICHER.

ARREST DU CONSEIL

PRIVE' DU ROY,

Contradictoire contre le Châtelet & là Chambre de l'Edit.

Du seize Septembre 1653.

Extrait des Registres du Conseil Privé du Roy.

ENTRE Maître Estienne de la Fons, Conseiller du Roy & Controlleur general des Restes des Comptes & Officiers Comptables, Demandeur en Requeste par luy presentée au Conseil, suivant l'Arrest intervenu sur icelle le seiziéme May 1653. d'une part : Et Damoiselle Anne de Laistre, veuve de feu Maître Pierre Boucher, vivant Conseiller de Sa Majesté, Tresorier general de la Marine, au nom & comme Tutrice des enfans mineurs dudit deffunt & d'elle ; Messire René de Montigny Conseiller de Sa Majesté, & Avocat General au Parlement de Rennes ; Antoine Benesche, Marchand de la Ville de Marseille ; Antoine, Jean & Charles l'Huillier ; Henry Misson Bourgeois de Paris, & Jean le Vasseur, Creanciers & Opposans au Scellé apposé sur les Effets délaissez par ledit feu Boucher, Deffendeurs d'autre part : Et les Officiers du Châtelet de Paris intervenans, recûës Parties en l'Instance suivant leur Requeste du vingt-six Juillet audit an 1653. d'une autre part ; Sans que les qualitez puissent nuire ny prejudicier aux Parties. VEU au Conseil du Roy ladite Requeste du seize May, presentée audit Conseil par ledit de la Fons, à ce qu'il plût à Sa Majesté Ordonner qu'il seroit incessamment procedé à la levée du Scellé apposé és Maisons dudit défunt Boucher par les Officiers de ladite Chambre des Comptes, ainsi qu'il est accoûtumé, à ce que ledit de la Fons puisse continuer ses poursuites pour le payement des grandes &

notables fommes de deniers dûës à Sa Majefté par ledit défunt : Arreft du Confeil fur ladite Requefte dudit jour feize
May, par lequel auroit efté ordonné qu'aux fins d'icelle lefdits Creanciers de Boucher, veuve & heritiers, feroient affi-
gnez audit Confeil au premier jour, pour eftre les Parties fom-
mairement ouyes & leur eftre pourvû : Affignations données
en confequence aufdits Deffendeurs & autres y dénommez,
des vingt-fix & trentiéme dudit mois de May, & vingt-troi-
fiéme Juin : Procés verbal du Sieur Morant, lors Commiffaire
à ce député, du quatorziéme dudit mois de Juin, portant
Reglement fommaire fur ladite Requefte fignifiée le dix-hui-
tiéme dudit mois de Juin : Deffaut obtenu dudit Sieur Morant,
par le Procureur General de la Chambre des Comptes : Pourfuite & diligence dudit Sieur de la Fons, du vingt-feptiéme
dudit mois de Juin, par lequel la Requefte defdits Benefche,
l'Huillier, Miffon & le Vaffeur, du vingt-quatriéme Janvier
dernier, auroit efté jointe au fufdit Reglement fommaire, &
ledit Reglement declaré commun avec toutes les Parties, auquel elles fatisferoient dans le delay porté par iceluy, fignifié
le vingt-huit dudit mois de Juin : Autre Deffaut dudit Sieur
Morant du trois Juillet audit an, obtenu par ledit de la Fons,
par lequel eft ordonné que ledit Reglement du quatorze Juin
demeureroit commun avec ledit Sieur de Montigny, de même
qu'il eftoit entre toutes lefdites Parties, & qu'elles y fatisferoient dans le temps y mentionné, fignifié le feptiéme dudit
mois de Juillet : Ladite Requefte d'intervention defdits Officiers du Châtelet dudit jour feize Juillet, à ce qu'il plût à
Sa Majefté Ordonner que le Scellé contentieux & tous autres, feront levez par le Commiffaire qui les aura appofez :
Inventaire & defcription faite par les Notaires en prefence des
Officiers du Châtelet, fans que les Officiers de la Chambre
des Comptes puiffent autre chofe, finon feulement y affifter
pour faire mettre à part les Acquits comptables ; qu'au fur-
plus tous les Titres des immeubles demeureront aufdits Officiers du Châtelet, pour eftre par eux ordonné de l'Inventaire
d'iceux, des Criées qu'il en conviendra faire, de l'ordre &
collocation des Creanciers, lefquelles Criées ne pourront à
l'occafion des fommes qui fe trouveront dûës à Sadite Ma-

jeſté, eſtre évoquées ny traduites ailleurs qu'au Châtelet; Et le Controlleur general des Reſtes de Sa Majeſté, & autres ayans la charge de ſes deniers, ſeront tenus de faire leurs pourſuites, ou former leurs oppoſitions : Ordonnance au bas de ladite Requeſte, portant que leſdits Officiers du Châtelet feront reçus Parties intervenantes, & qu'ils bailleroient leurs Moyens d'interventions dans trois jours, ſignifié le ſixiéme Aouſt 1653. Arreſt du Conſeil du vingt-quatre Janvier 1653. ſur la Requeſte deſdits Beneſche, ſubrogé au lieu de Maître Nicolas Herbin, à la pourſuite des Criées de la Terre & Seigneurie du Bouchet, & autres immeubles ſaiſis ſur ledit défunt Boucher, Antoine, Jean & Charles l'Huillier ſaiſiſſant réellement, & pourſuivant la vente des Offices de Conſeiller du Roy, Treſorier general, ancien & alternatif de la Marine, & droits en dépendans, Henry Miſſon Bourgeois de Paris, & Jean le Vaſſeur, Creanciers & oppoſans aux Criées des immeubles, & vente des Offices; Tendante à ce qu'il plût à Sa Majeſté Ordonner, que par le Conſeiller Commiſſaire commis par les Arreſts des quatre & dix Decembre, rendus en la Chambre de l'Edit, ſera paſſé outre à la reconnoiſſance & levée des Scellez, Inventaire & deſcription des choſes trouvées ſous iceux, en preſence de l'un des Subſtituts du Procureur General de Sa Majeſté au Parlement de Paris, ſauf en cas qu'il ſe trouve quelques Acquits concernant ladite Chambre des Comptes, & par eux inventoriez en preſence du Procureur pourſuivant, & du Procureur dudit deffunt en ladite Chambre des Comptes; par lequel Arreſt dudit jour vingt-quatriéme Janvier dernier, Sa Majeſté avant faire droit ſur ladite Requeſte, auroit ordonné qu'elle ſeroit communiquée aux Procureurs Generaux du Parlement de Paris, & Chambre des Comptes audit Paris, pour eux ouys eſtre ordonné ce que de raiſon : Exploit de ſignification dudit Arreſt du ſixiéme Février audit an, auſdits Sieurs Procureurs Generaux, aux fins de ladite communication : Arreſt de ladite Chambre de l'Edit, du quatre Decembre 1652. ſur la Requeſte dudit Beneſche & conſors, par lequel eſt ordonné qu'à leur diligence ledit Scellé appoſé ſur les Biens & Effets dudit deffunt Boucher, ſera levé en preſence du Conſeiller Rapporteur,

teur, & de l'un des Subſtituts du Procureur General du Roy, les Parties y ayant intereſt, preſentes ou dûëment appellées, ledit Scellé prealablement reconnu par le Commiſſaire qui l'aura appoſé, lequel à cette fin ſera tenu de comparoir à toutes les Aſſignations qui luy ſeront données pardevant ledit Conſeiller, & de fournir audit Beneſche & conſors, les noms, ſurnoms & domicilles des Oppoſans audit Scellé; pour ce fait, eſtre inceſſamment procedé auſſi en preſence deſdits Conſeiller & Subſtitut à la deſcription des Titres, Papiers & Effets eſtans ſous ledit Scellé, par deux Notaires qui ſeront par luy nommez, & ce qui ſera fait & ordonné par iceluy Conſeiller en procedant à la levée dudit Scellé & deſcription, executé nonobſtant oppoſition ou appellation quelconque, & ſans prejudice d'icelles, ſignifiée le quatriéme Decembre 1652. Ordonnance du Sieur de Maupeou, obtenuë par ledit Beneſche & conſorts ledit jour quatriéme Decembre, portant aſſignation au Commiſſaire Bruneau & à la veuve dudit Boucher, pour reconnoître par ledit Bruneau les Scellez par luy appoſez ſur les Biens & Effets dudit Boucher, & autres fins y contenuës : Aſſignation dudit jour : Arreſt dudit Parlement du dix dudit mois de Decembre, par lequel les Parties auroient eſté appointées à écrire & produire, & ordonné que celuy du quatriéme Decembre ſeroit executé, ſignifié le douze dudit mois : Extrait d'un Procés verbal du cinquiéme Decembre, fait en execution des ſuſdits Arreſts, par ledit Sieur de Maupeou, à la requeſte dudit Beneſche & conſors, concernant ladite levée des Scellez, avec ſon Ordonnance au bas, qu'il en ſeroit referé : Deux copies d'Arreſts du Conſeil des dix-ſept Aouſt 1649. & ſeiziéme Février 1652. donnez entre Maître Claude Peliſſary, Treſorier general de la Marine, ledit Boucher, leſdits Beneſche, l'Huillier & autres Parties, le premier portant renvoy des Procés & differents pour raiſon des Saiſies & Criées des Biens & immeubles dudit Boucher, circonſtances & dépendances, aux Requeſtes de l'Hoſtel, & par appel au Parlement de Paris, pour y proceder ſuivant les derniers erremens, ſur les pourſuites de Maître Nicolas Herbin, auſſi Partie y dénommée, ainſi qu'il appartiendra par raiſon; & le dernier portant renvoy des differents d'entre le-

M

dit Boucher & ſes creanciers, en la Chambre de l'Edit de Paris, ſignifiez le trente Aouſt 1649. & huitiéme Mars 1652. Copie d'Arreſt deſdites Requeſtes de l'Hoſtel du ſeiziéme Septembre 1649. portant retention de cauſe pour raiſon deſdites Criées, renvoyées par ledit Arreſt du Conſeil du vingt-ſeptiéme Aouſt : Extrait du Procés verbal de Scellé appoſé par le Commiſſaire Bruneau le deuxiéme Novembre 1652. à la requeſte de ladite veuve Boucher, ſur les Biens meubles dudit deffunt, tant en ſa Maiſon de Paris ſcize ruë des Blancs-Manteaux où il eſt decedé, qu'en ſa Maiſon Seigneuriale du Bouchet : Oppoſitions deſdits l'Huillier & conſors audit Scellé, pour la conſervation de pluſieurs & notables ſommes à eux düës par ledit deffunt Boucher, du treiziéme Novembre audit an 1652. Copie de Requeſte preſentée à ladite Chambre de l'Edit par Claire Garnier veuve, contre ladite veuve Boucher, avec une copie de Placet, des douze, treize & ſeiziéme dudit mois de Decembre : Acte ſignifié le huitiéme Aouſt 1653. à la requeſte de ladite veuve Boucher, par lequel pour ſatisfaire aux Reglemens intervenus en l'Inſtance, elle auroit employé pour toutes écritures & productions, ſon dire contenu au Procés verbal du Sieur Morant, du quatorziéme Juin dernier : Autre Acte d'employ deſdits Officiers du Châtelet, de ce qui a eſté écrit & produit par leſdits Beneſche & conſors, pour tous Moyens d'intervention, du treiziéme dudit mois d'Aouſt : Requeſte preſentée audit Conſeil par leſdits Beneſche & conſors, à ce qu'il plût à Sa Majeſté leur permettre d'ajoûter à leur production les Certificats y mentionnez, deſquels ledit de la Fons & conſors prendroient communication ſi bon leur ſembloit, par les mains du Sieur Rapporteur de l'Inſtance, attendu l'eſtat d'icelle, ce qui auroit eſté ordonné le quatorziéme dudit mois d'Aouſt, ſignifié ledit jour; Et vû auſſi leſdits Certificats dattez des ſept & quinze Juillet, quatre, ſept, huit, neuf, onze & douziéme dudit mois d'Aouſt, faiſant mention des Scellez par eux appoſez és Maiſons des perſonnes y dénommées : Acte de deſiſtement de la veuve Courboulay, de l'Oppoſition par elle formée audit Scellé, & ſon conſentement que ledit Scellé fût levé, du douziéme Juin 1653. Deffaut levé au Greffe dudit Conſeil par ledit de la Fons,

eontre Maîtres Claude Pelliſſary , Pierre Doron , Pierre Mail-
lefer , Commis dudit deffunt Boucher , Damoiſelle
veuve Charpentier , & Maître René de
Montigny , tous Creanciers dudit deffunt Boucher , du treiziéme dudit mois de Juin : Reaſſignation en conſequence du
ſeiziéme dudit mois de Juin : Exploits de commandement ,
des vingt-huit Aouſt 1649. dix-huit Février & quinze Novembre 1651. & treiziéme Février 1653. faits à la requeſte du Procureur General en ladite Chambre des Comptes , pourſuites
& diligences dudit de la Fons , audit deffunt Boucher & à
ſa veuve , de luy payer les ſommes y mentionnées , pour les
cauſes y contenuës : Eſtat des ſommes dûës au Roy , ſuivant
les Eſtats finaux des Comptes rendus en ladite Chambre par
ledit feu Boucher : Arreſts de ladite Chambre des quatre
Novembre & dixiéme Decembre 1652. portans que les Sieurs
Merault & Paſſart , ſont commis pour appoſer le Scellé és
Maiſons dudit feu Boucher ; & auſſi qu'il ſeroit inceſſamment
procedé à la reconnoiſſance & levée des Scellez : Extrait du
Procés verbal dudit jour quatriéme Novembre , du Scellé
appoſé en la Maiſon dudit feu Boucher , par leſdits Sieurs
Merault & Paſſart , Maîtres ordinaires en ladite Chambre des
Comptes , au bas duquel appert qu'il auroit eſté ſurcis par
leſdits Sieurs & le Sieur de Maupeou , Conſeiller au Parlement , à la reconnoiſſance & levez deſdits Scellez , pour en
eſtre referé par chacun d'eux , & juſques à ce qu'autrement
en eût eſté ordonné : Requeſte preſentée audit Conſeil par
ledit de la Fons , à ce qu'il plût à Sa Majeſté recevoir les
Lettres Patentes en forme de Declaration du quatorziéme
Mars 1611. avec l'Arreſt d'Enregiſtrement d'icelles en la Cour
des Aydes , du quinziéme Avril enſuivant ; & quatre divers
Arreſts du Conſeil intervenus ſur les Requeſtes preſentées
en iceluy par le Sieur Procureur General de Sa Majeſté en
ladite Chambre , des cinq Janvier 1640. quatorze Février &
neufviéme Mars 1641. & vingtiéme Février 1645. Enſemble
deux divers Arreſts de ladite Chambre des Comptes , & deux
Extraits de Procés verbaux faits par les Commiſſaires par elle
députez , pour proceder à l'oppoſition & levée des Scellez ,
& confection des Inventaires des Titres , Papiers & meubles

appartenans, Sçavoir à Maître Jean Phelippes, Receveur des Tailles en l'Election de Paris, à feu Maître Claude de Lisle, vivant Receveur general & Payeur des Rentes assignées sur les Huit millions des Tailles, & à deffunt Maître Nicolas le Vieux, vivant Caution & Associé en la Ferme generale des Gabelles de Lyonnois, & autres Fermes, des dix-huit Janvier 1642. quinze & vingt-neufviéme Octobre 1644. & treiziéme Novembre 1641. Et finalement les Moyens & raisons representées par ledit Sieur Procureur General de ladite Chambre, poursuite & diligence dudit de la Fons, contre les pretendus Moyens alleguez par lesdits Benesche & consors, Creanciers dudit deffunt Boucher, par leur Requeste du vingt-quatriéme Janvier 1653. Lesdites pieces & raisons pour servir au jugement de l'Instance qui est pendante au Conseil entre les Parties, & en y faisant droit adjuger audit de la Fons, les fins & conclusions par luy prises en icelle, avec dépens, sauf aux Creanciers dudit deffunt Boucher de prendre communication desdites Pieces, si bon leur semble, dans le jour & sans déplacer, par les mains du *Sieur Chomel*, Rapporteur de ladite Instance : Ordonnance au bas de ladite Requeste, portant, soient les Pieces reçûës & communiquées par les mains dudit Sieur Chomel, du neufviéme Septembre 1653. signifiée ledit jour ; Et vû aussi coppie collationnée desdites Pieces cy-dessus énoncées & mentionnées en ladite Requeste : Forclusions obtenuës par ledit Benesche, l'Huillier & consors, contre ledit de Montigny, faute d'avoir satisfait au Reglement du quatorziéme Juin dernier, declaré commun entre les Parties, les vingt-sept Juin, quatriéme Juillet & cinquiéme Aoust 1653. signifié ledit jour : Certificat du Greffier Garde-Sacs dudit Conseil de ce jour, comme ledit de Montigny n'a produit aucune chose en la presente Instance : Ecritures & productions dudit de la Fons, desdits Benesche, l'Huillier & consors, de ladite veuve Boucher, & desdits Officiers du Châtelet, & tout ce que par eux a esté mis & produit pardevers le Sieur Chomel, Commissaire à ce député : Oüy son Rapport ; Et tout consideré. LE ROY EN SON CONSEIL, faisant droit sur l'Instance, a Ordonné & Ordonne, Que par les Officiers de ladite Chambre

des

des Comptes de Paris, il fera procedé à la reconnoiſſance &
levée des Scellez appofez és Maiſons dudit deffunt Boucher,
& ce fait à la Defcription & Inventaire des Meubles, Acquïts
& Papiers qui fe trouveront fous iceux, conformément audit
Arreſt de ladite Chambre des Comptes, du dixiéme Decembre dernier, & fans dépens entre les Parties : Ordonne
neanmoins que ceux faits par ledit de la Fons, à la pourſuite
de ladite Inſtance, ſuivant la taxe qui en fera faite par ledit
Sieur Chomel, Rapporteur d'icelle, feront pris fur les premiers
deniers provenans des Effets mobiliers dudit deffunt Boucher.
FAIT au Confeil Privé du Roy, tenu à Paris le feiziéme
jour de Septembre mil fix cent cinquante-trois. Signé, Par
collation, CARRE'.

*L'AN mil fix cent cinquante-trois, le vingt-feptiéme Octobre ;
En vertu de l'Arreſt du Confeil Privé du Roy du feiziéme Scp-
tembre dernier, intervenu entre Maître Eſtienne de la Fons,
Confeiller du Roy, & Controlleur general des Reſtes des Comptes,
& Officiers comptables, d'une-part ; Et Damoifelle Anne Delaiſtre,
veuve de feu Maître Pierre Boucher, vivant Treforier de la Marine, au nom & comme Tutrice des Enfans mineurs dudit deffunt
& d'elle ; Meſſire René de Montigny Confeiller de Sa Majeſté, &
Avocat General au Parlement de Rennes ; Antoine Benefche, Marchand de la Ville de Marfeille, Antoine, Jean & Charles l'Huillier,
Henry Miſſon Bourgeois de Paris, & Jean le Vaſſeur, Creanciers
oppofans au Scellé apposé fur les Effets délaiſſez par ledit deffunt
Boucher ; & les Officiers du Châtelet de Paris, intervenans &
reçûs Parties d'autre ; ledit Arreſt figné, CARRE' ; Et à la requeſte dudit Sieur de la Fons Impetrant : J'ay Huiſſier ordinaire
du Roy en fes Confeils d'Eſtat & Privé, fignifié à Maître Robert
Vigneron, Avocat & confeil de ladite Damoifelle Boucher audit
nom, en parlant à fa perſonne, à Maître Nicolas Delandelle,
Avocat & confeil dudit Sieur de Montigny, en parlant à Marie
fa fervante ; à Maître Marc Antoine de Born, Avocat & confeil
defdits Benefche, l'Huillier, Miſſon, & le Vaſſeur, en parlant
à Baudet fon Clerc ; & à Maître Claude Laborie, Avocat &
confeil des Officiers du Châtelet de Paris, en parlant à Seguin*

N

*ſon Clerc; tous en leurs domiciles à Paris: Auſquels & à chacun
d'eux, a eſté baillé & délaiſſé copie dudit Arreſt du Conſeil, aux
fins y contenuës, & du preſent Exploit, afin qu'ils n'en pretendent cauſe d'ignorance; Par moy Huiſſier ſuſdit ſous-ſigné.*

Signé, **CHARLES.**

ORDONNANCE

DE LA CHAMBRE.

IL eſt ordonné à Maître Jean Deſlois, Huiſſier en la Chambre des Comptes & Treſor à Paris, des deniers eſtans en ſes mains, provenans de la vente des Meubles de la ſucceſſion de deffunt Maître Pierre Boucher, vivant Treſorier General de la Marine de Ponant, payer & délivrer comptant à Maître Jean Brunault, Commiſſaire Examinateur au Chaſtelet de Paris, la ſomme de trois cent dix-ſept livres quatorze ſols huit deniers, que Nous luy avons taxée & ordonnée pour les journées, vacations & aſſiſtances, par luy employées aux Scellez, par luy appoſez és Maiſons du Bouchet & de cette Ville de Paris, de ladite ſucceſſion dudit deffunt Boucher, reconnoiſſance & levée deſdits Scellez, reception des oppoſitions auſdits Scellez, & Groſſe de ſon Procés verbal; en icelle ſomme, compris les taxes faites à ſon Clerc, de trente-une livres, à Maître François Brunault, Huiſſier, pour les Exploits par luy faits auſdits creanciers dudit deffunt, de l'Ordonnance dudit Commiſſaire, & rapportant par Vous la Preſente, & Quittance dudit Brunault, Commiſſaire, de ladite ſomme de trois cent dix-ſept livres quatorze ſols huit deniers, elle ſera paſſée & alloüée en voſtre Etat de frais ſans difficulté. FAIT en ladite Chambre, par Nous Commiſſaires en cette Partie, le dix-ſeptieme jour d'Aouſt mil ſix cent cinquante-quatre. Signé, MERAULT & PASSART.

QUITTANCE.

NOus Commissaire Examinateur au Chastelet de Paris, sous-signé, Confessons avoir reçû de Maître Jean Deslois, Huissier ordinaire du Roy, en ses Chambres des Comptes & Tresor, la somme de trois cent dix-sept livres quatorze sols huit deniers tournois, contenuë en l'Ordonnance cy-dessus. FAIT le treiziéme jour de Septembre mil six cent cinquante-quatre. Ainsi signé, BRUNAULT.

Collationné à l'Original, étant en la Chambre des Comptes, par moy Conseiller-Secretaire du Roy, Greffier de ladite Chambre.

Signé, RICHER,

ARREST

ARREST DU CONSEIL
D'ETAT DU ROY,

Qui Ordonne que celuy de la Chambre portant que le Scellé appofé en la Maifon de Maître Guillaume Joubert feroit levé, & Inventaire & defcription de fes Biens faits feroit executé, nonobftant un Arreft du Confeil, de Reglement de Juge.

Du quatorziéme May 1658.

Extrait des Regiftres du Confeil d'Etat.

SUr la Remontrance faite au Roy en fon Confeil, par fon Procureur General en fa Chambre des Comptes, de diverfes procedures, qui fe font pour empêcher la connoiffance qu'il doit avoir de ce qui eft dû à Sa Majefté, & aux particuliers Rentiers, par les Receveurs & Payeurs des Rentes, par leur abfence & par leur decés; Qu'à peine peut-il voir la liquidation de ce qu'ils doivent, & la correfpondance eft telle entre eux; que quelque pourfuite qu'il puiffe faire, il s'y trouve du deffaut, ainfi qu'és Offices de Payeurs des Rentes du Clergé, poffedées par Maître Guillaume Joubert, qui les avoit eûës des Sieurs de la Barre, vers lefquels il fe trouve obligé de notables fommes, pour le payement defquelles il avoit affocié en la moitié defdits Offices, le Sieur Puget, & s'eftant abfenté, tous fes Biens faifis, iceluy Sieur Puget auroit acquis le total, à la charge de payer le Roy, les Rentiers, & lefdits de la Barre; Et iceluy Puget & la Dame fa femme, s'eftant rendus cautions de Maître Louis Lebeuf, pourvû de l'Office Quatriennal, logé en fa Maifon & exerçant ladite Charge, cy-devant Commis & faifant le payement pour ledit Joubert; ledit Puget decedé, ledit Procureur General, comme principal creancier, auroit fait appofer le Scellé en la Maifon dudit Puget, &

O

en la chamb re dudit Lebeuf y demeurant ; Et sur la Requeste de main-levée, requise par ladite Dame veuve Lebeuf, lesdits de la Barre, Joubert & autres l'empêchant, & principalement ledit Procureur General, pour l'interêt de Sa Majesté, seroit intervenu Arrest du vingtiéme jour d'Avril dernier, par lequel auroit esté Ordonné que le Scellé seroit levé par les Commissaires de la Chambre, M. Boissise, Commissaire Examinateur au Chastelet de Paris, Gardiens dudit Scellé & opposans, presens ou dûëment appellez, pour ce fait estre procedé à la description & Inventaire des Acquits, Papiers & Meubles qui se trouveront en ladite Maison, & ledit Inventaire fait, communiqué ausdits opposans & audit Procureur General, estre ordonné ce que de raison : Et du depuis, le nommé Bourgoing se disant creancier, auroit obtenu Arrest du Conseil, par lequel auroit esté ordonné que les Parties parleroient sommairement, & cependant l'execution de l'Arrest de la Chambre surcis ; En vertu duquel Arrest, ledit Procureur General auroit esté assigné pardevant le Sieur Demoricq, Commissaire à ce deputé, comme s'il y avoit lieu de Reglement de Juges és Causes où le Procureur General est Partie : Requerant que l'Arrest de ladite Chambre soit executé, nonobstant ledit Arrest, qui ne peut s'entendre à l'égard dudit Procureur General. LE ROY EN SON CONSEIL, a Ordonné & Ordonne, que ledit Arrest de la Chambre, du vingtiéme jour d'Avril dernier, sera executé, nonobstant celuy de son Conseil du vingt-quatrieme dudit mois, obtenu par ledit Bourgoing ; Et a déchargé ledit Procureur General, de l'Assignation à luy donnée en consequence dudit Arrest. FAIT au Conseil d'Etat du Roy, tenu à Paris, le quatorziéme jour de May mil six cent cinquante-huit. Signé, DE BORDEAUX.

Collationné à l'Original, par moy Conseiller-Secretaire du Roy, & de ses Finances.

Signé, RICHER.

ARREST DU CONSEIL
D'ETAT DU ROY.

*Qui renvoye la connoiſſance des Scellez de Mazel,
à la Chambre des Comptes.*

Du treiziéme May 1669.

Extrait des Regiſtres du Conſeil d'Etat.

SUR la Requeſte preſentée au Roy en ſon Conſeil, par
ſon Procureur General en la Cha. ре des Comptes de
Paris, contenant qu'aprés le decés du feu Sieur Mazel, arrivé
le onziéme du preſent mois, le Suppliant ayant pour le dû de
ſa Charge, & conſervation des interêts du Roy, voulu faire
appoſer le Scellé en la Maiſon, & ſur les effets du deffunt, il
auroit trouvé le Scellé y avoir eſté appoſé par le Sieur de la
Marguerie, Conſeiller d'Etat, & le Sieur Marin auſſi Conſeiller d'Etat & Intendant des Finances, Commiſſaires à ce députez par Sa Majeſté ; Et d'autant que ledit feu Sieur Mazel
eſtoit Officier comptable, eſtant decedé pourvu de l'Office de
Treſorier des Ponts & Chauſſées, qu'il a eſté pareillement
Treſorier de l'Argenterie, & qu'il a fait divers maniemens des
deniers du Roy, pour raiſon dequoy il doit compte à la Chambre de pluſieurs années de ſes Exercices, & eſt même redevable de notables ſommes, pour debets qui ſont ſur les comptes qu'il a rendus, pour raiſon dequoy le Suppliant a interêt
d'avoir connoiſſance des Papiers, Titres, Enſeignemens, &
effets qui ſe trouveront ſous les Scellez, & que la pourſuite
qui doit eſtre faite, eſt de la fonction ordinaire du Suppliant,
& de la naturelle Competence de la Chambre, requeroit à ces
Cauſes, ledit Suppliant, qu'il plût à Sa Majeſté ſur iceluy
pourvoir ; Ce faiſant, renvoyer la connoiſſance dudit Scellé
en ladite Chambre des Comptes, pour y eſtre procedé, ainſi

qu'il appartiendra. O u y le Rapport du Sieur Marin , Confeiller du Roy en fes Confeils , Intendant des Finances: Et
tout confideré , L E R O Y en son Conseil , a renvoyé
& renvoye la connoiffance du Scellé , apppofé en la Maifon
dudit deffunt Mazel , circonftances & dépendances , en là
Chambre des Comptes de Paris , Pour à la Requefte dudit Procureur General en icelle , y eftre pourvû , ainfi qu'il appartiendra ; Et qu'à cet effet , le Scellé appofé par lefdits Commiffaires , fera par eux reconnu , levé & ôté , & le Scellé de la
Chambre reappofé , par le Commiffaire qui fera à ce député
par ladite Chambre. F a i t au Confeil d'Etat du Roy , tenu
à Paris , le treiziéme jour de May mil fix cent foixante-neuf.
Signé , BERRYER.

*Regiftré en la Chambre des Comptes , ce requerant le
Procureur General du Roy , pour eftre executé felon fa forme & teneur , le quinziéme jour de May mil fix cent foixante-neuf.*

Signé , RICHER.

EXTRAIT

EXTRAIT DES REGISTRES

DU CONSEIL D'ETAT.

Du dixiéme Decembre 1672.

SUR la Requête prefentée au Roy en fon Confeil par le Procureur General en la Chambre des Comptes de Paris, contenant qu'aprés le décés de Maître Guillaume de Flandres, arrivé au mois de Novembre 1670. il auroit au même temps fait appofer le Scellé par les Commiffaires députez par ladite Chambre fur les biens & en la maifon dudit de Flandres pour fûreté, tant des debets de fes Comptes, qui montent à plus de fix millions de livres, que de ceux qui fe trouveront fur les Comptes qu'il a rendus, & fur lefquels l'etat final n'eft pas encore affis : Et pour fûreté auffi de plus de vingt comptes tres-confiderables, dûs par ledit défunt de Flandres, pour les manimens par luy faits depuis & compris 1643. jufques & compris 1658. contenus en l'état de luy figné, montant à plus de huit millions ; à la levée duquel Scellé il n'auroit pû être procedé par ladite Chambre des Comptes depuis ladite année 1670. par l'empêchement formé de la part des Officiers du Châtelet de Paris, en confequence du Scellé appofé fur les biens dudit défunt, à la Requête de fes Creanciers particuliers par un Commiffaire dudit Châtelet, ledit empêchement fondé fur une vieille prétention que ces Officiers ont euë dés l'année 1603. jufques en 1653. pour raifon de la prévention fur lefdits Scellez, & en laquelle ils ont toûjours fuccombé pendant tout ce temps à toutes les fois qu'ils ont voulu troubler ladite Chambre en ladite Jurifdiction qu'elle a euë de tout temps pour les Scellez, Inventaires & ventes des biens des Comptables. Pour regler laquelle conteftation, Sa Majefté par Arreft de fon Confeil du 15. Janvier 1671. auroit ordonné que les Officiers de ladite Chambre

Dᴇ Fʟᴀɴᴅʀᴇꜱ.

P

des Comptes & ceux dudit Châtelet, remettroient dans hui-
taine les Edits, Declarations, Arrests, Reglemens, & autres Pieces justificatives de leurs prétentions és mains du sieur
Hotman Conseiller d'Etat, Intendant des Finances, Maître
des Requêtes Ordinaire de son Hôtel, pour en faire son
rapport aprés en avoir communiqué aux sieurs d'Aligre, de
Seve, Colbert & Marin ; à quoy lesdits Officiers de la Chambre des Comptes auroient satisfait & mis leurs Pieces,
Moyens & Memoires és mains dudit sieur Hotman dés le
mois de Février audit an 1671. mais les Officiers du Châtelet, qui ont dessein de perpetuer cette mauvaise prétention,
ont usé de toutes sortes de fuites : car au lieu de fournir
leurs Pieces & Memoires de leur part audit sieur Hotman ;
ils se sont adressez au sieur Barentin aussi Maître des Requêtes, & sous le nom des Commissaires dudit Châtelet,
ont à son rapport obtenu Arrest du Conseil du six Mars audit an 1671. par lequel ils ont fait joindre à la susdite instance une prétenduë contestation qu'ils disent avoir contre les
Tresoriers de France, pour raison desdits Scellez és biens
des Comptables, depuis lequel temps lesdits Officiers du
Châtelet, n'ont point satisfait de leur part, ni sur l'instance
principale, ni sur ce prétendu incident : ce qui est une suite
affectée, tres-préjudiciable aux interests de Sa Majesté & du
public, attendu que depuis ladite année 1670. ledit Procureur General de la Chambre des Comptes n'a pû prendre
connoissance des biens, effets & papiers dudit de Flandres
qui sont sous lesdits Scellez. Et cet empêchement qui sans
doute est fomenté par les heritiers dudit de Flandres pour
ne jamais compter, ni payer lesdits debets, s'ils peuvent, a
arrêté les poursuites & diligences, ausquelles ledit Procureur
General est obligé par la fonction de sa charge, tant pour les
susdits Debets que pour les susdits Comptes. Outre qu'il y a
quantité de particuliers opposans, qui souffrent & se plai-
gnent de ce retardement, & du peril auquel les Biens, Titres & Papiers dudit de Flandres sont exposez par le deperi-
ssement de ses dettes actives, & le divertissement qui peut
être fait desdits Papiers ; & tout cela pour une prétention
frivole & sans fondement, que lesdits Officiers du Châtelet

ont pour les Scellez des Comptables, au préjudice de ladite Chambre des Comptes, laquelle l'a toûjours emporté, tant par provifion que diffinitivement contre le Parlement, Requêtes du Palais, Cour des Aydes, & autres Jurifdictions, comme ledit Châtelet, qui luy ont voulu contefter, ainfi qu'il fe juftifie par les Declarations & Arrefts du Confeil, rendus contr'eux en grande connoiffance de caufe en faveur de ladite Chambre des Comptes les 7. Octobre 1603. 27. Septembre 1611. 18. Septembre 1625. 8. Janvier 1640. 23. Février & 9. Mars 1641. 3. & 19. Septembre & 30. Decembre 1644. 20. Février 1645. 16. Novembre 1653. 14. May 1658. & 15. Juin 1669. par le dernier defquels la connoiffance du Scellé des biens du fieur Mazel, Treforier de l'Argenterie, & des Ponts & Chauffées, circonftances & dépendances auroit été renvoyée à ladite Chambre des Comptes, bien que ledit Scellé eut été appofé par les fieurs de la Marguerie Confeiller d'Etat, & Marin auffi Confeiller d'Etat & Intendant des Finances ; tous lefquels Arrefts Sa Majefté a toûjours ainfi donnez, parce qu'elle eft tres-inftruite, que la principale inftitution & fonction de ladite Chambre des Comptes eft de s'appliquer, comme elle fait, à la connoiffance particuliere de la conduite & des affaires des Comptables, & qu'il n'y a point d'Officiers és fufdites Jurifdictions ordinaires & fuperieures qui puiffent examiner & penetrer la confequence & valeur des Papiers & Effets des Officiers de Finances & Gens d'affaires & Comptables, avec la lumiere, promptitude & facilité que les Officiers de ladite Chambre des Comptes ont fur ces matieres. A ces Causes, requeroit ledit Procureur General, qu'il plût à Sa Majefté ordonner que jufques à ce que la prétention defdits Officiers du Châtelet de Paris ait été reglée en fon Confeil, au rapport dudit fieur Hotman, lefdits Officiers de la Chambre des Comptes procederoient à la levée des Scellez appofez & à appofer fur les biens dudit défunt de Flandres, & de tous autres Comptables, lefdits Officiers du Châtelet prefens ou dûëment appellez en la maniere accoûtumée, avec défenfes d'y troubler ni empêcher lefdits Officiers de la Chambre, fous telle peine qu'il plaira à Sadite Majefté. Veu ladite Requête & les

Pieces juſtificatives d'icelle. Oüy le Rapport du ſieur Colbert Conſeiller Ordinaire au Conſeil Royal, Contrôlleur General des Finances. LE ROY EN SON CONSEIL, a Ordonné & Ordonne, que par maniere de proviſion, & juſques à ce que ladite conteſtation ait été reglée, les Officiers de ladite Chambre des Comptes procederont à la levée des Scellez appoſez ſur les biens dudit feu de Flandres, en preſence du Procureur de Sa Majeſté au Châtelet de Paris. Fait Sa Majeſté défenſes aux Officiers dudit Châtelet de leur donner aucun trouble ; & ſera le preſent Arreſt executé, nonobſtant oppoſition & autres empêchemens quelconques, pour leſquels ne ſera differé. FAIT au Conſeil d'Etat du Roy, tenu à Verſailles le dixiéme jour de Decembre 1672. Signé, BECHAMEIL.

Signifié à Monſieur le Procureur du Roy au Châtelet le 17. ſuivant, & à Maître Foſſart Commiſſaire le 19. Par DE LA RUE Huiſſier és Conſeils du Roy.

EXTRAIT

EXTRAIT DES REGISTRES

DU CONSEIL D'ETAT.

Du onziéme Aouft 1674.

SUr la Requefte prefentée au Roy en fon Confeil, par le Procureur General de Sa Majefté en la Chambre des Comptes de Paris; Contenant que pour la fûreté des Comptes & Debets d'iceux, de deffunt Maîttre Antoine Compain, Receveur & Payeur des Rentes Provinciales de la Generalité de Tours pour les années 1652. & fuivantes, jufques & compris 1662. ledit Compain de fon vivant auroit efté recommandé és Prifons de la Conciergerie du Palais, à la Requefte dudit Procureur General, lequel Compain eftant decedé efd. Prifonsle 18. Decembre 1673. ledit Procureur General auroit fait appofer le Scellé fur fept Coffres que ledit Deffunt avoit mis en une Chambre de la Maifon du nommé Fragnier, Me Apoticaire à Paris, fur lefquels Coffres Me Petit-Jean, Lieutenant Particulier du Bailly du Palais, & Maître Anoine Commiffaire au Chaftelet de Paris, avoient auffi appofé leurs Scellez, à la requefte de quelques Particuliers; Et d'autant que la conteftation, pendante au Confeil de Sa Majefté, entre les Officiers de la Chambre des Comptes & dudit Chaftelet, pour raifon des Scellez & Inventaires des Biens des Comptables, & la prétention dudit Bailly du Palais fur ce même Fait, pourroient pendant les longueurs de leurs conteftations, faire préjudice aux interêts de Sa Majefté, par le déperiffement des Effets actifs & Papiers dudit Deffunt, defquels il eft abfolument neceffaire d'avoir une entiere connoiffance pour en faire les Pourfuites & Recouvrement, tant pour la fûreté des fufdits Comptes à rendre, & des Debets qui en proviendront, que des arrerages defdites Rentes Provinciales dûës aux Rentiers, comme creanciers privilegiez; Requeroit ledit Procureur General, qu'il plût à Sa Majefté d'y pourvoir. Veu ladite Requefte & Pieces y at-

COMPAIN.

Q

tachées ; O û y le Rapport du Sieur Marin Intendant des Finances. LE ROY EN SON CONSEIL, a Ordonné & Ordonne , par maniere de provision , & sans préjudice des prétentions de ladite Chambre des Comptes, Officiers du Châtelet, & Bailly du Palais ; Qu'il sera par les Commissaires & Officiers de ladite Chambre des Comptes, procedé à la levée desdits Scellez ; ceux dudit Chastelet & dudit Bailly du Palais, par eux préalablement reconnus , ou duëment appellez ; Ensemble les opposans à iceux, & en suite procedé par lesdits Commissaires de la Chambre des Comptes, à l'Inventaire des Papiers & Effets dudit deffunt Compain, en presence du Procureur de Sa Majesté audit Chastelet, ou du Commissaire d'iceluy, qui a apposé son Scellé sur lesdits Coffres. FAIT au Conseil d'Etat du Roy, tenu à Versailles , le onziéme jour d'Aoust 1674. Signé, RANCHIN.

Signifié au Bailly du Palais & au Commissaire du Chastelet, le dix-septiéme suivant , par DE LA RUE, Huissier és Conseils.

EXTRAIT DES REGISTRES

DU CONSEIL D'ETAT.

Du seize May 1679.

LE ROY ayant esté informé que Maître Pierre Herry,   HERRY.
Receveur des Tailles de Blois, estoit decedé depuis peu
és Prisons du Fort-l'Evesque, où le Procureur General de Sa
Majesté en la Chambre des Comptes l'avoit fait constituer
Prisonnier, faute de payement d'une somme considerable de
Treize cent trente-neuf mil cinq cent soixante-dix-neuf li-
vres, dont il est redevable par plusieurs Comptes rendus, tant
de la Recette generale, que des Recettes particulieres de la
Generalité d'Orleans; Et pour sûreté des Comptes qu'il doit
encore rendre des Tailles d'Orleans, Blois & Châteaudun,
des années 1667. & 1668. de Pethiviers 1667. & du rembour-
sement des Officiers suprimez en l'Election de Baugency :
Et qu'incontinent aprés le deceds dudit Herry, le Procureur
General avoit eu soin de faire apposer le Scellé sur ses Biens
& Effets trouvez, tant en une Maison particuliere où demeure sa veuve, qu'esdites Prisons du Fort-l'Evesque; mais qu'il
en avoit esté trouvé un precedemment apposé à la Requeste
& pour les Interests particuliers de sa veuve, par un Commissaire du Châtelet, qui avoit donné la garde de son Scellé
audit Fort-l'Evesque, à un homme & deux femmes apparem-
ment insolvables : Ce qui avoit obligé les Conseillers, Maîtres
des Comptes à ce Commis par ladite Chambre des Comptes,
de laisser l'un des Huissiers de ladite Chambre, à la garde
desdits Scellez du Fort-l'Evesque : A quoy estant necessaire
de pourvoir, tant pour empêcher les frais de ladite garde,
que pour lever les difficultez & éviter les longueurs que le
Scellé dudit Châtelet apporteroit aux Interests de Sa Majesté,
entierement preferable aux pretentions de tous autres Creanciers particuliers, ainsi qu'il a esté jugé en pareils cas sur les

Scellez cy-devant appofez chez les feu Sieurs Mazel Treforier des Ponts & Chauffées, de Flandres Treforier des
Parties Cafuelles, & Compain Payeur des Rentes Provincialles de Tours. SA MAJESTE' EN SON CONSEIL,
A Ordonné & Ordonne, que par maniere de Provifion, &
fans préjudice des pretentions de la Chambre des Comptes,
& des Officiers du Châtelet, il fera par les Commiffaires &
Officiers de ladite Chambre des Comptes procedé à la levée
defdits Scellez ; Ceux dudit Châtelet prealablement reconnus
par ceux qui les ont appofez, ou eux dûëment appellez ; enfemble les Oppofans à iceux, & en fuite proceder par les
Commiffaires de ladite Chambre des Comptes à l'Inventaire
des Papiers & Effets dudit deffunt Herry, en prefence du
Procureur de Sa Majefté au Châtelet, ou du Commiffaire
d'iceluy, qui a appofé le Scellé. F A I T au Confeil d'Eftat
du Roy, tenu à Saint Germain en Laye, le feiziéme jour
de May mil fix cent foixante-dix-neuf.

Le vingt-neufviéme jour de May mil fix cent foixante-dix-
neuf, à la Requefte de Monfieur le Procureur General de la Cham-
bre des Comptes de Paris, le prefent Arreft a efté fignifié &
baillé Copie aux fins y contenuës aux Parties cy-aprés nom-
mées : Sçavoir, à Monfieur le Procureur du Roy de l'ancien
Châtelet, parlant au Portier ; à Monfieur Robert auffi Procureur
du Roy du nouveau Châtelet, parlant au Portier ; à Maître
Dyevre Commiffaire au Châtelet, parlant à fon Clerc ruë des
Poitevins ; à la veuve Herry ruë du Harlay, parlant à fa fer-
vante ; à Maître Robert Danés, au domicile de Maître Rolland
Procureur en la Chambre des Comptes, parlant à fon Clerc & à
Eftienne Boiffard chargé du Recouvrement des debets de la Ge-
neralité d'Orleans, au domicile de Maître Nicolas le Prevoft
Procureur en ladite Chambre en parlant à fon Clerc, en leurs
domiciles à Paris ; à ce que du contenu audit Arreft ils n'en
ignorent ; par Nous Huiffier ordinaire du Roy en tous fes Con-
feils, figné TOURTE.

ARREST DU CONSEIL
D'ETAT DU ROY.

Sur la levée du Scellé de Jean Lefévre, premier Huissier de la Chambre, apposé par les Officiers de ladite Chambre, & par le Bailly du Palais.

Du vingt-six Février 1695.

Extrait des Regiſtres du Conſeil d'Etat.

LE ROY ayant eſté informé, qu'aprés le decés de Jean Lefévre, premier Huiſſier de la Chambre des Comptes de Paris, & Commis à la Recette des menuës neceſſitez de ladite Chambre, arrivé le 25. Janvier 1695; Le Scellé auroit eſté appoſé en ſa Maiſon ſur ſes Meubles & Effets le même jour, tant par les Officiers de ladite Chambre, à la Requeſte du Procureur General de Sa Majeſté en icelle, pour ſûreté des Comptes à rendre deſdites menuës neceſſitez, des années 1693. & 1694. & des ſommes conſiderables dont ledit deffunt Lefévre eſt demeuré redevable, par les Etats ſuivans deſdits Comptes, par luy rendus de ſes Exercices, que par le Lieutenant du Bailly du Palais, à la Requeſte d'un des préſomptifs heritiers dudit Lefévre, decedé ſans enfans, qui auroit croiſé les Scellez de ladite Chambre : Et Sa Majeſté, deſirant pourvoir à la ſûreté de la reddition deſdits Comptes, à l'apurement de ceux rendus, & au recouvrement des ſommes dûës par la ſucceſſion dudit Lefévre. Vû les Procés verbaux d'appoſitions deſdits Scellez ; Oüy le Rapport du Sieur Phelypeaux de Pontchartrain, Conſeiller Ordinaire au Conſeil Royal, Controlleur General des Finances. SA MAJESTE' EN SON CONSEIL, a Ordonné & Ordonne, que par maniere de proviſion, & ſans préjudice des droits & prétentions

R

de la Chambre des Comptes, & des Officiers du Chastelet &
du Bailliage du Palais; Il sera par les Commissaires & Officiers
de ladite Chambre, procedé à la levée des Scellez apposez en
la Maison & sur les Effets dudit deffunt Lefévre; ledit Lieutenant du Bailly du Palais préalablement appellé, pour reconnoître ceux par luy apposez, en presence des Veuve, Heritiers & Opposans, ou iceux dûëment appellez, pour en suite
estre par les Officiers de ladite Chambre des Comptes procedé à l'Inventaire & description des Papiers, Meubles &
Effets, estans sous lesdits Scellez & iceux réunis; Sçavoir, les
Papiers concernant la Reddition des Comptes dudit deffunt
Lefévre, és mains de Maître Barthelemy Moufle, son Procureur en ladite Chambre, qui s'en chargera au bas de l'Inventaire, pour proceder incessamment à la Reddition & Appure-
ment desdits Comptes : Et les autres Papiers & Effets de ladite succession, és mains des Heritiers dudit deffunt; Ordonne
Sa Majesté, Que sur les contestations qui pourront survenir
pour le partage & division des Effets de ladite succession, entre lesd. Veuve, Heritiers & Opposans, les Parties procederont pardevant ledit Bailly du Palais, en la maniere accoûtumée. Fait Sa Majesté deffenses ausdits Officiers du Bailliage
du Palais, de croiser à l'avenir les Scellez qui auront esté apposez par les Officiers de ladite Chambre des Comptes. F A I T
au Conseil d'Etat du Roy, tenu à Versailles, le vingt-sixiéme
Février mil six cent quatre-vingt-quinze. Collationné.

Signé, GOUJON.

EXTRAIT DES REGISTRES

DU CONSEIL D'ETAT.

Du dix-sept Avril 1696.

LE ROY ayant ordonné par Arrest du Conseil du 18. Aouft 1693. que la faifie des meubles du fieur Alvarez Treforier des cent Suiffes de la Garde de Sa Majefté, fait à la Requête des nommez Sorbiere & Borier feroit continuée à la Requête du Contrôlleur general des Reftes, & neanmoins furcis à l'enlevement defdits meubles, jufques à ce qu'autrement par Sa Majefté en eût été ordonné ; & en confequence, que fur les demandes faites au Châtelet de Paris par les faififfants & oppofans fur la préference des deniers qui proviendront de la vente defdits meubles, que les Parties procederont au Confeil; Défenfes de proceder ailleurs, à peine de nullité, en execution duquel Arreft la faifie des meubles dudit Alvarez a été parachevée, & neanmoins la vente d'iceux differée jufques à prefent que ledit fieur Alvarez étant décedé, les Scellez ont été appofez fur les Effets par luy délaiffez par le Commiffaire Menier, & par les Officiers de la Chambre des Comptes, à caufe que ledit Alvarez, n'a pas compté de fon exercice de l'année 1693. pour raifon duquel il a été vendu de la Vaiffelle d'argent de ladite Succeffion, jufques à concurrence de quinze cent livres, pour les mettre entre les mains de Faverolles, Procureur en la Chambre des Comptes : Et voulant Sa Majefté, pourvoir à la fûreté de ce qui luy eft dû par ladite fucceffion, & éviter le deperiffement des Meubles & des Effets qui fe trouveront fous ledit Scellé. Oüy le Rapport du fieur de Pontchartrain, Confeiller Ordinaire au Confeil Royal, Contrôlleur General des Finances. SA MAJESTE' EN SON CONSEIL, a Ordonné & Ordonne, que par le fieur Fleuriau Darmenonville, Confeiller d'Etat Ordinaire, Intendant des

Finances, les Scellez feront appofez fur les Effets de la Succeffion dudit Alvarez, & ceux appofez par le Commiffaire
Menier, levez & ôtez, par luy préalablement reconnus. Et à
l'égard de ceux des fieurs Commiffaires de la Chambre des
Comptes, & de ceux qui feront appofez par ledit fieur Fleuriau d'Armenonville. Ordonne Sa Majefté, qu'ils feront con-
jointement levez par ledit fieur Fleuriau d'Armenonville &
lefdits fieurs Commiffaires : Ce faifant, que des acquits fervant aux comptes à rendre des exercices dudit Alvarez,
defcription en fera faite par lefdits fieurs Commiffaires de la
Chambre, & mife entre les mains dudit Faverolles, qui s'en
chargera en la maniere accoûtumée, & à l'égard des autres
Papiers, Effets & Meubles qui fe trouveront fous lefdits Scellez, defcription en fera faite par ledit fieur d'Armenonville, en
prefence des oppofans ou dûëment appellez, dont fera par
luy dreffé Procés verbal, enfemble de leurs comparutions,
dires & requifitions pour le tout. Veu & rapporté au Confeil, être ordonné par Sa Majefté ce qu'il appartiendra.
FAIT au Confeil d'Etat du Roy, tenu à Verfailles le dix-
feptiéme jour d'Avril mil fix cent quatre-vingt-feize. Collationné. Signé, DUIARDIN.

ARREST

ARREST DU CONSEIL
D'ETAT DU ROY,

Entre les Officiers de la Chambre des Comptes,
& les Officiers du Bureau des Finances
de Provence pour les Scellez.

Du quatriéme Octobre 1701.

Extrait des Regiſtres du Conſeil d'Etat.

VEU au Conſeil d'Etat du Roy les Memoires reſpecti-
vement preſentez par les Officiers du Bureau des Finances de Provence d'une part, & par les Officiers de la
Cour des Comptes, Aydes & Finances de Provence d'autre
part : ceux deſdits Officiers du Bureau des Finances, contenant que ſur l'avis qui leur fut donné le 29. Aouſt dernier
de l'abſence de Maître Nicolas Simon, Receveur General
des Domaines & Bois de la Generalité de Provence, ils auroient nommé deux Commiſſaires pour ſe tranſporter avec
le Procureur de Sa Majeſté, tant en la Maiſon dudit Simon
à Marſeille, qu'en celle de Maître François Guerric ſon
Commis à Aix, & y faire la verification des deniers qui s'y
trouveroient, & des papiers & acquits concernant ladite Recette ; leſquels auroient en conſequence dreſſé Procés verbal de la Caiſſe dudit Simon, par lequel le Bureau ayant
reconnu que ledit Simon ſe trouvoit debiteur envers Sa Majeſté de ſommes conſiderables auroit, pour ne point retarder
le ſervice, trouvé à propos de commettre Loüis Conſtans
pour continuer & achever l'exercice de la Charge dudit Simon de la preſente année ; qu'en execution de cette Com-

S

miſſion, ledit Conſtans ayant ſommé ledit Guerric, de luy remettre entre les mains les deniers qui s'étoient trouvez dans la Caiſſe lors du Procés verbal deſdits ſieurs Commiſſaires, montans à 9140. livres 3. ſols 3. deniers avec les quittances & pieces concernans l'exercice de ladite année, ſur la réponſe dudit Guerric, qu'il ne pourroit remettre audit Conſtans ladite ſomme qu'aprés que le Scellé appoſé à ſon Cabinet par les Officiers de la Cour des Comptes, Aydes & Finances auroit été levé; ledit Conſtans auroit preſenté ſa Requête, ſur laquelle, attendu qu'il s'agiſſoit de l'intereſt de Sa Majeſté & de celuy des Parties aſſignées ſur ladite Recette, & de l'execution des Etats de Sa Majeſté, dont la connoiſſance appartient aux Treſoriers de France, le Bureau auroit par ſon Ordonnance du 2. Septembre 1701. ordonné que par les ſieurs Payau & Bougerel Treſoriers de France, il ſeroit procedé à la levée du Scellé appoſé par leſdits Officiers des Comptes, pour les papiers & deniers de ladite Recette generale des Domaines de la preſente année, être remis audit Conſtans, & les autres Effets, ſi aucuns y avoit remis ſoûs leſdits Scellez; à l'effet dequoy le Procureur General de ladite Cour des Comptes, Aydes & Finances ſeroit appellé pour y comparoître, ſi bon luy ſembloit, ou y envoyer telle autre perſonne qu'il luy plairoit; qu'en execution de cette Ordonnance, leſdits Commiſſaires ont fait lever ledit Scellé, & aprés avoir fait remettre audit Conſtans les deniers & acquits qui s'étoient trouvez dans la Caiſſe dudit Guerric, concernant l'exercice de ladite année, ils ont fait reapoſer le leur, dont ils ont donné avis auſdits Officiers des Comptes, par une ſignification qu'ils leurs ont fait faire le lendemain; à l'occaſion dequoy remontroient leſdits Officiers du Bureau des Finances, que ce Scellé des Officiers des Comptes eſt une entrepriſe ſur le droit qu'ont les Treſoriers de France, de connoître & de ſtatuer ſur tout ce qui concerne l'execution des Etats du Roy, à l'excluſion des Officiers des Comptes, à qui la connoiſſance en eſt interdite par pluſieurs Reglemens, & nottamment par celuy du 16. May 1640. Et requeroient qu'il plût à Sa Majeſté, faire défenſes auſdits Officiers des Comptes, de faire à l'avenir au-

cune entreprife femblable ; & en cas de difficulté & de conteftation, les renvoyer par devant le fieur le Bret Intendant,
pour entendre les Parties & donner fon avis. Les Memoires
des Officiers de la Cour des Comptes, Aydes & Finances
de Provence, contenans que pour juftifier le Scellé, qu'ils
ont appofé en la maifon, & fur les Effets du fieur Simon : Il
leur fuffit d'obferver que c'eft un Comptable en demeure
de rendre fes comptes, lequel s'eft abfenté après avoir di-
verty les deniers de fon maniment ; qu'en cas de décés où
d'abfence des Comptables qui n'ont pas rendu tous les comptes
de leurs exercices, les Officiers des Comptes font en droit &
en poffeffion d'appofer le Scellé fur leurs Effets, & en faire
même l'Inventaire, à l'exclufion de tous autres Officiers ;
que les Treforiers de France ne peuvent avec raifon fe pré-
valoir de la connoiffance qu'ils prétendent leur avoir été at-
tribuée de tout ce qui concerne l'execution des Etats de Sa
Majefté, puis qu'il n'en eft point queftion dans l'efpece où
il s'agit uniquement de mettre en fùreté les Effets du fieur
Simon, jufqu'à ce qu'il ait juftifié par la reddition de fes
comptes qu'il eft quitte envers Sa Majefté, à quoy ils ajoû-
tent, que quand même la prétention des Treforiers de
France fe trouveroit auffi-bien fondée qu'elle l'eft peu, le
procedé violent qu'ils ont tenu en levant de leur autorité le
Scellé d'une Compagnie Superieure, ne pourroit recevoir
d'excufe : & comme une pareille entreprife renverfe entierement l'ordre & la difcipline des Compagnies, ils auroient
fupplié Sa Majefté de vouloir bien la reprimer & leur en
faire faire par lefdits Treforiers de France une reparation
convenable. Vû auffi les Procés verbaux faits de l'Ordonnance defdits Treforiers de France les 29. & 30. Aouft, &
deux du prefent mois de Septembre. Oüy le Rapport du
fieur Roüillé du Coudray, Confeiller Ordinaire au Confeil
Royal, Directeur des Finances. LE ROY EN SON
CONSEIL, a Ordonné & Ordonne, que les Scellez
appofez par les Officiers de la Cour des Comptes, Aydes
& Finances de Provence en la maifon de Maître François
Guerric Commis du Sieur Simon Receveur general des
Domaines & Bois, & qui ont été levez par les Officiers du

Bureau des Finances, feront inceffamment retablis en prefence defdits Officiers du Bureau des Finances, ou eux düe-
ment appellez, pour reconnoître & lever ceux qu'ils y ont
mis le fecond du mois de Septembre dernier, finon, & à faute par eux d'y comparoître, feront lefdits Scellez brifez
aprés avoir été préalablement reconnus par un Graveur,
pour être enfuite par lefdits Officiers des Comptes procedé
à l'Inventaire & Defcription des Effets qui fe trouveront
fous lefdits Soellez en la maniere accoûtumée. Fait Sa Majefté défenfes aufdits Officiers du Bureau des Finances, de
lever à l'avenir lefdits Scellez qui auront été appofez par la
Chambre des Comptes fur les Effets des Comptables qui fe
feront abfentez, ou feront décedez en demeure de compter
& de réapofer les leurs, à peine de nullité, & d'y être pourvû par Sa Majefté fuivant la rigueur des Ordonnances. Fait
au Confeil d'Etat du Roy, tenu à Fontainebleau le quatriéme
Octobre mil fept cent un. Signé, DELAISTRE.

ARREST

ARREST DU CONSEIL
D'ETAT DU ROY,

Portant Reglement entre les Officiers de la Chambre des Comptes, du Chaſtelet, & autres, pour tous les Scellez qui ſeront appoſez ſur les Effets des Comptables decedez, ou qui s'abſenteront ſans avoir rendu les Comptes de leurs Exercices.

Du quatriéme Février 1702.

Extrait des Regiſtres du Conſeil d'Etat.

LE ROY s'eſtant fait repreſenter en ſon Conſeil, l'Arreſt rendu en iceluy le 29. Octobre dernier, par lequel Sa Majeſté auroit ordonne que par le Sieur le Peletier Des-Forts, Conſeiller d'Etat Ordinaire, Intendant des Finances, commis & deputé à cet effet, il ſeroit appoſé Scellé à la Requeſte du Controlleur General des Reſtes, ſur les Effets du feu Sieur Amelon, Receveur General des Domaines & Bois de la Generalité de Paris, & enſuite par luy procedé à l'Inventaire des Effets, Titres & Papiers, qui ſe trouveroient ſous leſdits Scellez, aprés que ceux mis par les Officiers de la Chambre des Comptes, du Chaſtelet & autres, auroient eſté par eux reconnus. Sa Majeſté ayant eſté informée que les Scellez qui ont eſté pareillement appoſez ſur leſdits Effets, tant par les Officiers de la Chambre des Comptes, que par les Treſoriers de France, Officiers du Chaſtelet, & des Eaux & Foreſts de Paris, donnoient lieu à pluſieurs conteſtations entre ces Officiers qui pourroient apporter un retardement conſiderable à l'execution dudit Arreſt : Sa Majeſté voulant y pourvoir, prévenir le déperiſſement des Effets qui ſont ſous leſdits Scellez, & terminer en même temps les conte-

T

ſtations qui ſont depuis pluſieurs années entre les Officiers de la Chambre des Comptes & ceux du Chaſtelet de Paris, au ſujet des Scellez & Inventaires des Effets des Comptables qui decedent ou qui s'abſentent, ſans avoir rendu les Comptes de leurs Exercices. Vû les Memoires fournis, tant par leſdits Officiers de la Chambre & du Chaſtelet, que par les Greffiers de ladite Chambre & les Notaires au Chaſtelet de Paris : Oüy le Rapport du Sieur Roüillé du Coudray, Conſeiller Ordinaire au Conſeil Royal, Directeur des Finances. SA MAJESTE' EN SON CONSEIL, a Ordonné & Ordonne, Que l'Arreſt du 29. Octobre dernier ſera executé ; ce faiſant & en l'Interpretant, en tant que beſoin ſeroit : Ordonne que par ledit Sieur le Peletier Des-Forts, il ſera inceſſamment procedé à la reconnoiſſance & levée des Scellez par luy appoſez ſur les Effets dudit Amelon, ceux qui y ont eſté mis par les Officiers de la Chambre, Commiſſaires du Chaſtelet, & autres préalablement reconnus par eux, à l'effet dequoy ils ſeront appellez, ſinon & à faute de comparoître, ſeront leſdits Scellez briſez & ôtez, aprés avoir eſté reconnus & verifiez par un Graveur, qui ſera pour ce nommé d'Office par le Sieur Des-Forts, qui fera inventaire & deſcription ſommaire des Deniers comptans, eſtans ſous leſdits Scellez ; enſemble des Papiers & Titres, qui ſeront par luy jugez utiles pour les interêts de Sa Majeſté, leſquels ſeront de luy paraphez & dépôſez, où & ainſi qu'il fera par luy ordonné ; aprés laquelle deſcription ſeront leſdits Scellez de la Chambre des Comptes & du Chaſtelet ſeulement, reapoſez ſur leſdits Effets par les Commiſſaires de ladite Chambre à ce députez, & par le Commiſſaire du Chaſtelet. Veut Sa Majeſté, qu'en faiſant dans quinzaine du jour que leſdits Scellez auront eſté reapoſez par la Veuve dudit Amelon, comme commune ; & par les Heritiers préſomptifs, en qualité d'Heritiers purs & ſimples à l'égard de Sa Majeſté, leurs ſoûmiſſions à la Chambre des Comptes, de rendre les Comptes qui ſont dûs des Exercices dudit Amelon ; il leur ſoit par les Officiers de ladite Chambre, fait main-levée de leurs Scellez ; & en conſequence, procedé par le Commiſſaire du Chaſtelet, à la levée & reconnoiſſance des Scellez par luy reapofez , & enfuite à l'Inventaire & defcription des Effets qui fe trouveront fous iceux, par les Notaires du Chaftelet, en la maniere accoûtumée : Et faute par lefdites Veuves & Heritiers préfomptifs, de faire lefdites foumiffions, l'Inventaire defdits Effets fera fait par les Officiers de ladite Chambre, en la maniere accoûtumée, aprés que les Scellez du Commif-faire du Chaftelet auront efté par luy reconnus, finon brifez & ôtez , & enfuite procedé à la Vente des Meubles, de l'Or-donnance de la Chambre, par l'Huiffier-Prifeur du Chaftelet, qui fera par Elle à cet effet commis; & fera ce qui eft porté par le prefent Arreft, executé par forme de Reglement, dans tous les Scellez qui feront appofez fur les Effets des Compta-bles decedez, ou qui s'abfenteront, fans avoir rendu les Comptes de leurs Exercices, à l'exception neanmoins de ceux aufquels Sa Majefté jugera à propos de faire proceder par les Commiffaires de fon Confeil à l'Inventaire, ou même à la Vente des Effets defdits Comptables. FAIT au Confeil d'Etat du Roy, tenu à Verfailles, le quatriéme Février mil fept cent deux. Signé, GOUJON.

Collationné à l'Original , par Nous Confeiller-Secretaire du Roy, Maifon , Couronne de France & de fes Finances.

ARREST DU CONSEIL
D'ETAT DU ROY.

Qui Ordonne que la Vente des Meubles eſtant és Maiſons du Sieur Amelon à Paris & à Chantelou, ſera faite de l'Ordonnance de la Chambre des Comptes de Paris, par l'Huiſſier-Priſeur du Chaſtelet, qui ſera par Elle à cet effet commis.

Du onziéme Juillet 1702.

Extrait des Regiſtres du Conſeil d'Etat.

LE Roy ayant par Arreſt de ſon Conſeil du quatre du preſent mois de Juillet, Ordonné, que faute de payement des Sommes dûës par le feu Sieur Amelon, Receveur general des Domaines de la Generalité de Paris, pour debets de ſes Comptes, juſques y compris l'année 1698. Et pour ſûreté des Sommes qui feront dûës de ſes Exercices des années ſuivantes, ledit Office feroit ſaiſi réellement à la Requeſte & diligence du Controlleur general des Reſtes, Vendu & adjugé au Conſeil, au plus Offrant & dernier Encheriſſeur, aprés trois Publications en la maniere accoûtumée, conformément à l'Edit du mois d'Aouſt 1669. Et qu'il feroit en outre procedé à ſa Requeſte au Recouvrement des Effets mobiliers trouvez ſous leſdits Scellez ; Comme auſſi à la Vente des Meubles par Denis, Huiſſier du Conſeil : Et Sa Majeſté eſtant informée qu'en conſequence d'autre Arreſt du Conſeil du quatriéme Février dernier, donné en forme de Reglement, pour les Scellez & Inventaires des Comptables, la Chambre des Comptes de Paris a fait l'Inventaire des Meubles & Effets dudit feu Sieur Amelon, & en a même ordonné la Vente,

conformément audit Arreſt du quatriéme Février dernier ;
portant que l'Inventaire deſdits Effets ſeroit fait par les Officiers de ladite Chambre, & qu'il ſeroit enſuite procedé à la
Vente des Meubles, de l'Ordonnance de ladite Chambre,
par l'Huiſſier-Priſeur du Chaſtelet, qui ſeroit par Elle commis à cet effet ; lequel Arreſt Sa Majeſté voulant eſtre executé : Oüy le Rapport du Sieur Fleuriau d'Armenonville,
Conſeiller ordinaire au Conſeil Royal, Directeur des Finances.
SA MAJESTE' EN SON CONSEIL, en interpre-
tant ledit Arreſt du quatre du preſent mois de Juillet, a.
Ordonné & Ordonne que la Vente des Meubles eſtant és
Maiſons dudit Amelon, à Paris & à Chantelou, ſera faite
de l'Ordonnance de la Chambre des Comptes de Paris,
par l'Huiſſier-Priſeur du Chaſtelet, qui ſera par Elle à cet effet
commis ; & ſera au ſurplus ledit Arreſt du quatre du preſent
mois de Juillet, executé ſelon ſa forme & teneur. F A I T au
Conſeil d'Etat du Roy, tenu à Marly le onziéme jour de Juillet
mil ſept cent deux. Collationné. Signé, RANCHIN.

Collationné à l'Original, par Nous Conſeiller-
Secretaire du Roy, Maiſon, Couronne de France
& de ſes Finances.

ESTAT

DES PROCES VERBAUX
DE SCELLEZ,
eſtant au depoſt du Greffe

DE LA CHAMBRE DES COMPTES,
Appoſez par icelle és Maiſons des Comptables,
cy-aprés nommez :

CONTENANT,

L'Inventaire de leurs Meubles,
Deſcription de leurs Papiers,
Et Ventes deſdits Meubles,

Depuis l'Année 1597 , juſques en 1702.

PROCE'S verbal de Scellé & Inventaire fait   **1597.**
en la maiſon de Mᵉ Philippes PONCET,
par Monſieur LEGRANT Conſeiller du Roy,
Maiſtre Ordinaire en ladite Chambre, le vingt-un
Mars 1597.

Autre Procés verbal de Scellé, Inventaire de Meu-   **1599.**
bles, & Deſcription de Papiers, fait en la maiſon de
Mᵉ Pierre MOLAN, cy-devant Treſorier de l Eſpar-

ij

gne , du feptiéme Decembre 1599. par Monfieur
DE CERIZIERS.

Aouft.
1605.

Autre Procés verbal de Scellé, Inventaire, & Defcription des Papiers de Mᵉ Claude LE ROUX, Treforier des Ligues Suiffes, du onziéme Aouft 1605. fait par Meffieurs THIBAULT & DE MESGRIGNY.

Octobre.
1605.

Autre Procés verbal de Scellé, & Inventaire fait en la maifon de Mᵉ Leon FRENICLE, Receveur & Payeur des Rentes de l'Hoftel de Ville, affignées fur les Aydes, du 24. Octobre audit an 1605. par Meffieurs LARCHER & LECLERC.

1611.

Autre pareil Procés verbal de Scellé, Inventaire & Defcription de Papiers, fait en la maifon de Mᵉ François DE VIGNY Payeur des Rentes, du troifiéme Octobre 1611. par Meffieurs VUYON & LECLERC DE LESSEVILLE.

Janvier.
1612.

Autre Procés verbal de Scellé, Inventaire & Defcription des Papiers & Acquits de Mᵉ Jacques LESECQ, du 25. Janvier 1612. fait par Meffieurs LESCUYER & GUIBERT.

Octobre.
1612.

Autre du 27. Octobre audit An 1612. en la maifon de Mᵉ Pierre CHASTELAIN, Treforier General de l'Artillerie, auffi avec Inventaire & Defcription de fes Papiers, par Meffieurs VIOLLE & RUELLE.

Janvier.
1615.
Inventaire de Meubles.

Autre Procés verbal de Scellé, appofé en la maifon de Mᵉ François GUERRY, Receveur General des Finances à Moulins, du 12. Janvier 1615. avec pareille Defcription & Inventaire de fes Meubles & Papiers, par Meffieurs DEPLEURS & BRISSONNET.

Février.
1615.

Autre du 25. Février audit an 1615. en la maifon de Mᵉ Ifaac CHERIOT, par Meffieurs BRISSONNET & DEMOUCY.

Autre du deuxiéme Mars audit an 1615. en la maifon de Maître Eftienne AUDOÜIN DE MONTERBU,
par Meſſieurs PREVOST & GUIBERT.

Mars.
1615.

Inventaire & Procés verbal des Papiers, Acquits &
Meubles, trouvez és maifons de Maître Guillaume
DE BOURDEAUX, pere & fils, Payeurs de Meſſieurs,
du 14. Avril 1615 fait par Meſſieurs LE PICART &
DUGUE'.

Avril.
1615.

Procés verbal de Scellé, Inventaire, Defcription &
Vente de Meubles, fait en la maifon de Maître Pierre
CHOMEL, Treforier des Ligues Suiſſes, du 27. Octo-
bre 1621. par Meſſieurs LECLERC & DEPARIS

1621.
Vente
de Meubles.

Autre Procés verbal de Scellé, Inventaire & Defcription de Papiers, fait en la maifon de Maître
Robert DE LOUVIGNY, Commis au Recouvrement des Deniers revenans-bons, le   jour d
1622. par Meſſieurs

1622.

Autre du 7. Février 1622. en la maifon du nommé
HASSY, par Monfieur DEMOUCY.

Février.
1622.

Autre femblable Procés verbal de Scellé, Inven-
taire & Defcription de Papiers, fait en la maifon de
Maître Michel GROSPARNY, Treforier General des
Ponts & Chauſſées, du 18. Aouft 1623. par Meſſieurs
LECLERC DE LESSEVILLE & ROÜILLE'.

1623.
Defcription
de Papiers.

Autre Procés verbal de la levée du Scellé, appofé
en la maifon de Maître Nicolas DELANCY, du .7.
Juin 1625 par Meſſieurs LE PREVOST & HENNEQUIN.

Juin.
1625.

Autre, de la levée du Scellé, appofé en la maifon
de Maître Antoine PHILIPPES, Treforier Provincial
des Guerres en Normandie, du 10 Decembre 1625.
par Meſſieurs ROÜILLE' & DEPARIS.

Decembre.
1625.

1626.
Vente de Meubles.

Autre Procés verbal de Scellé, Inventaire, Defcription & Vente de Meubles, fait en la maifon de Maître Antoine T A R G E, Treforier des Fermes, du onze Aouft 1626. par Meffieurs LARCHER & MANDAT.

Janvier.
1627.
Vente de Meubles.

Autre Procés verbal de Scellé, Inventaire, Defcription de Papiers, & Vente de Meubles, fait en la maifon de Maître Antoine F E Y D E A U, Fermier des Aydes & Gabelles, & Treforier de l'Efpargne, du vingt Janvier 1627. par Meffieurs L E S C U Y E R & D U G U E'.

Avril.
1627.

Autre en la maifon de Me Nicolas DE VILANTREYS, Treforier de la Cavalerie, du 20. Avril 1627. par Meffieurs B R I S S ONNET & D E M O U C Y.

Mars.
1628.
Vente de Meubles.

Autre Procés verbal de Scellé, Inventaire, Defcription & Vente de Meubles, fait en la maifon de Maître Pierre P A Y E N, le troifiéme Mars 1628. par Meffieurs L E P R E V O S T & L E T E L L I E R.

May.
1628.
Vente de Meubles.

Autre Procés verbal de Scellé, Inventaire, Defcription de Papiers, & Vente des Meubles de Maître Jean L E Q U I N, Affocié en la Ferme des Gabelles de Lyonnois, fait le 24. May 1628. par Meffieurs

Aouft.
1628.

Autre en la maifon de Maître Pierre G U I B E R T, du 28. Aouft 1628 par Meffieurs B A R T H E L E M Y & M O N S I G O T.

Novembre.
1628.
Inventaire de Meubles.

Procés verbal de Scellé & Inventaire des Meubles, Titres & Papiers de Maître Jofeph L E C O C Q, Fermier, Affocié & Caution des Traites domaniales d'Anjou, du 25. Novembre 1628 par Meffieurs L E C L E R C D E L E S S E V I L L E, & L E B O S S U.

1629.
Inventaire de Meubles.

Autre Procés verbal de Scellé, Inventaire des Meubles, Defcription des Titres & Papiers de Maître Char-

les

les LE CHARON, Receveur General des Finances de Champagne, du 14. May 1629. fait par Meffieurs DEMOUCY & BAILLY.

Autre Procés verbal de Scellé, appofé en la maifon de Maître Huges DELAGARDE, Commis à la recette des deniers provenans des Offices d'Affeffeurs Criminels, Commiffaires Examinateurs, & Greffiers des Affirmations, du 17. Janvier 1631. par Monfieur DESPINOY.

Janvier. 1631.

Autre Procés verbal de Scellé, Inventaire, Defcription & Vente de Meubles, fait en la maifon de feuë Damoifelle Marie Maupeou, veuve FLAMIN FANUCHE, du 11. May 1631. par Meffieurs DUGUE' & BAILLY.

May. 1631. *Vente de Meubles.*

Autre Procés verbal de Scellé, Inventaire & Defcription de Papiers, & Vente de Meubles, en la maifon de Maître Martin LYONNE, Treforier General des Ligues Suiffes, du huitiéme Aouft 1635. par Meffieurs ROÜILLE' & L'HUILLIER.

1635. *Vente de Meubles.*

Autre Procés verbal du Scellé, Inventaire, Defcription de Papiers, & Vente de Meubles, en la maifon de Maître François CHOART, Treforier General des Ponts & Chauffées, du 3. Novembre 1639. par Meffieurs LESCHASSIER & LEFEVRE.

Novembre. 1639. *Vente de Meubles.*

Autre en la maifon de Maître Jean DELAGRANGE, Fermier General des Cinq groffes Fermes de France, du neuviéme Decembre audit an 1639. par Meffieurs DEPARIS & LESCHASSIER.

Decembre. 1639.

Autre Procés verbal de Scellé, appofé en la maifon de Maître Martin LESERGENT, Treforier General de la Marine du Levant, du 14. Mars 1640. par Meffieurs BAILLY & FEYDEAU, avec Inventaire & Defcription de Papiers.

Mars. 1640. *Defcription de Papiers.*

(B)

May 1642. par lefdits Sieurs Commiffaires.

Autre en la maifon de Maître Jean DELOYNES, Receveur & Payeur des Gages des Officiers de la Chambre, du 14. Novembre audit an 1642. par Meffieurs DE MESGRIGNY & LADVOCAT. *Novembre. 1642.*

Autre en la maifon de Maître Jean CHANAL, du 29. dudit mois de Novembre, fait par lefdits Sieurs DE MESGRIGNY & LADVOCAT. *1642.*

Autre Procés verbal de Scellé, Inventaire, Defcription de Papiers & Vente de Meubles en la maifon de Maître Claude DE LISLE, Payeur des Rentes fur les Huit millions, du premier Septembre 1644. fait par Meffieurs MONSIGOT & LEFEBVRE. *Septembre. 1644. Vente do Meubles.*

Autre Procés verbal de Scellé, Inventaire, Defcription & Vente de Meubles, fait en la maifon de Maître Helie PIOT, Receveur general des Bois au Département de Champagne, du vingt-fix Octobre 1644. par Meffieurs DE MONSIGOT & LE FEVRE. *Octobre. 1644. Vente de Meubles.*

Autre en la maifon de Maître Pierre ROBILLARD, Receveur general des Bois au Département d'Orleans, du treize Février 1645. par Meffieurs DE FALCONIS & LECLERC. *Février. 1645.*

Autre en la maifon de Maître Nicolas LEVIEUX, Affocié en la Ferme generale des Gabelles de Lyonnois, fait par Meffieurs MANDAT & DE LONGUEUIL, le vingt-huit Aouft 1645. *Aouft. 1645. Vente de Meubles.*

Autre Procés verbal de Scellé, Inventaire, Defcription & Vente de Meubles en la maifon de Maître François SABATHIER, Treforier des Parties-Cafuelles, fait par Meffieurs MANDAT & DE LONGUEUIL, du trente Octobre 1645. *Octobre. 1645. Vente de Meubles.*

Decembre. 1645.

Autre en la maison de Maître Michel MORICE, Receveur & Payeur de la sixiéme partie des Trois millions de livres de Rentes sur les Gabelles, du onze Decembre 1645. fait par lesdits Sieurs MANDAT & DE LONGUEUIL.

Février. 1646.

Autre du vingt-deux Février 1646. en la maison de Maître François GEUFFRENEAu, Treforier des Fortifications, fait par Messieurs DEPLEURS & LEBOSSU-LE JAU.

Octobre. 1646.

Autre en la maison de Maître Guillaume JOUBERT, Receveur & Payeur des Rentes assignées sur le Clergé, du vingt-deux Octobre 1646. fait par Messieurs LADVOCAT & DE LA CROIX.

Juillet. 1647.

Autre Procés verbal de Scellé en la maison de Maître Jean AMIOT, Payeur des Rentes, du quinze Juillet 1647. fait par Messieurs LE FEVRE & GUERAPIN.

1647.

Autre Procés verbal de Scellé, Inventaire, Description & Vente de Meubles en la maison de Maître Louis OLLIVIER, Receveur & Payeur des Trois cent mille livres de Rentes sur les Aydes, du quinze Juillet 1647. fait par lesdits Sieurs Commissaires.

Aouft. 1647. *Vente de Meubles.*

Autre Procés verbal de Scellé, Inventaire, Description faite en la maison de Maître André LEGRAND, Receveur general des Finances à Paris, & Associé en la Ferme generale des Aydes, du dix-neuf Aouft 1647. par Messieurs LE FEVRE & GUERAPIN.

Mars. 1648. *Vente de Meubles.*

Autre Procés verbal de Scellé, Inventaire, Description de Papiers, & Vente des Meubles de Maître PUGET, Associé des Offices de Payeurs des Rentes sur le Clergé, fait le 7. Mars 1648. par Messieurs.

Meſſieurs FEYDEAU & LE CLERC.

    Autre du neuf May 1648. en la maiſon de Maître François SANSON, Treſorier des Parties-Caſuelles, fait par Meſſieurs FEYDEAU & LECLERC.

    Autre en la maiſon de Maître Jacques AUMONT, Treſorier & Payeur des Gages des Officiers de la Pre-vôté de l'Hôtel, fait par Meſſieurs MONSIGOT & MERAULT, le premier Decembre 1648.

    Autre Procés verbal de Scellé, Inventaire & Deſ-cription de Papiers & Vente de Meubles, fait en la maiſon de Maître Jacques AUMONT, Treſorier de la Prevôté de l'Hôtel, le premier Decembre 1648. par Meſſieurs MONSIGOT & MERAULT.

    Autre Procés verbal de Scellé, Inventaire, Deſ-cription & Vente de Meubles en la maiſon de Maître LA RALLIERE Fermier des Entrées, fait par Meſſieurs DE LONGUEIL & BERTHEMET, le 29. Decembre 1650.

    Autre en la maiſon de Maître Mathieu Bernard DE MONTEBISE, Payeur des Rentes, du premier Février 1651. fait par Meſſieurs LEBOSSU LE JAU, & LEBOUSTZ.

    Autre du 26. Avril 1652. en la maiſon de Maître Oger DE MARCILLAT, Aſſocié en la Ferme gene-rale des Aydes, fait par Meſſieurs DE FALCONIS & DE CREIL.

    Autre Procés verbal de Scellé, Inventaire, Deſ-cription de Papiers & Vente de Meubles trouvez és maiſons de Paris & de Campagne, de Maître BOUCHER, Treſorier de la Marine, fait le 4. No-vembre 1652. par Meſſieurs MERAULT & PASSART.

    Autre en la maiſon de Maître Simon BACHELIER,

May.
1648.

Decembre
1648.
*Vente
de Meubles.*

1648.
*Vente
de Meubles.*

Decembre.
1650.
*Vente
de Meubles.*

1651.

Avril.
1652.

Novembre.
1652.
*Vente
de Meubles.*

May
1653.

(C)

Payeur des Rentes, du cinq May 1653. fait par Meffieurs CHERRE' & GODEFROY.

Octobre 1653. Vente de Meubles.

Autre Procés verbal de Scellé, Inventaire & Defcription fait en la maifon de Maître René PARAIN,
Treforier des Baftimens, pour la détention de fa perfonne, du quatorze Octobre audit an 1653. par Mef-
fieur LE FEBVRE & DE POUSSEMOTHE.

1655.

Autre en la maifon de Maître Pierre SUBLET Sieur
de Romilly, Treforier general de l'Ordinaire des
Guerres, fait par Meffieurs DE COLANGES &
TARTERON, le dix-huit Janvier 1655.

1656.

Autre en la maifon de Maître Jacques LAIR,
Receveur general des Finances à Tours, fait par Meffieurs GUERIN & BINET, le 9. Septembre 1656.

1662. Vente de Meubles.

Autre Procés verbal de Scellé, Inventaire, Defcription de Papiers & Vente des Meubles de Maître
Nicolas DE LA BARRE, Payeur des Rentes fur le
Clergé, commencé en 1661. & finy en 1662. par Meffieurs GUERAPIN & TUFFIER.

1663.

Autre d'Eftienne QUENTIN, Treforier de la Ve-
nerie, du neuf Février 1663. par Meffieurs LADVOCAT
& PINETTE.

1664.

Autre d'Aubin DE LA NOüE, Heritier de François DE LA NOüE, Commis aux Menuës neceffitez
de la Chambre, du vingt-quatre Avril 1664. par
Meffieurs CHERRE' & PINETTE.

1669.

Autre de François MAZEL, Treforier de l'Argenterie, du treize May 1669. par Meffieurs PINETTE
& DE VREVIN.

1670

Autre de Guillaume DE FLANDRES, Treforier
des Parties-Cafuelles, du vingt-cinq Novembre 1670.

par Meſſieurs BOURLON & MAUPEAU.

Autre d'Antoine COMPAIN, Payeur des Rentes Provincialles de Tours, du vingt-neuf Decembre 1673. par Meſſieurs CHERRE' & MANDAT.   1673.

Autre de Jean BRICE, Receveur general des Fi-nances de Limoges, du quatre Juin 1674. par Meſ-ſieurs CHERRE' & MANDAT.   Juin 1674.

Autre de Nicolas MELIQUE, Treſorier des Me-nus Plaiſirs, du dix-ſept Octobre 1674. par Meſſieurs MARCE'S & DE'TOUILLY.   Octobre 1674.

Autre de Pierre HERRY, Receveur des Tailles de Blois, du cinq Mars 1679. par Meſſieurs PEPIN & DE THAIS DE LA TOUR.   1679.

Autre de François GEUFFRENEAU, Treſorier des Fortifications, du dix Janvier 1681. par Meſſieurs PACHAU & SALLE'.   1681.

Autre de Claude BOUSSET, Treſorier des Par-ties-Caſuelles, du ſept Septembre 1685. par Meſſieurs DE LOUVANCOURT & BONIGALLE   1685.

Autre de Seraphin TESTU, Treſorier des Parties-Caſuelles, du douze Juillet 1686. par Meſſieurs JOLY DE CHAMPIGNY & L'HOSTE.   Juillet 1686. *Vente de Meubles.*

Autre de René BONAMY, Receveur des Tailles de Riom, du cinq Novembre 1686. par Meſſieurs JOLY DE CHAMPIGNY & L'HOSTE.   Novembre 1686.

Autre de François LE MAIRE DE VILLEROMARD, Treſorier de l'Extraordinaire des Guerres, du 31 Janvier 1690. par Meſſieurs LADVOCAT & CHARPENTIER.   1690.

Autre de Gilles HOCHEREAU, Intereſſé aux Preſts de Riom, du neuf Février 1691. par Meſſieurs PINETTE & LE CLERC DE LESSEVILLE.   1691. *Vente de Meubles.*

1695. Autre de Jean LE FEBVRE, Commis aux Menues
neceſſitez de la Chambre, du vingt-cinq Janvier
1695. par Meſſieurs PACHAU & BAILLY.

Il y a encore au dépoſt du Greffe de la Chambre,
un nombre infiny d'autres Procés verbaux de Scellez,
qui n'ont eſté cy-inferées, pour n'y avoir eu Deſcription de Papiers, ny Vente de Meubles, attendu les
ſûretez données au Roy, par les Veuves ou Heritiers
des Officiers Comptables decedez.

*Collationné aux Originaux, par Nous Conſeiller-
Secretaire du Roy, Greffier en Chef de ſa Chambre
des Comptes.*

Signé, RICHER.